सड़क पर उगते बच्चे

(लघुकथाएँ)

सड़क पर उगते बच्चे

(लघुकथाएँ)

डॉ. विद्या विन्दु सिंह

दिव्यम् प्रकाशन

दिल्ली-110009

सड़क पर उगते बच्चे

©	:	डॉ. विद्या विन्दु सिंह
प्रथम संस्करण	:	2023
ISBN	:	978-93-82658-16-0
मूल्य	:	₹ 350/-
प्रकाशक	:	**दिव्यम प्रकाशन, दिल्ली**
एकमात्र वितरक	:	**के. के. पब्लिकेशन्स** 4806/24, भरत राम रोड़, दरियागंज, नई दिल्ली - 110 002 फोन : 011-23285167, 65185557, 64527574 टेलीफैक्स : 011-47340207 ई-मेल : kkpdevinder@vsnl.net वेबसाइट : www.kkpublications.com
आवरण	:	ग्रेसिल्स, नई दिल्ली
लेज़र टाईपसैटिंग	:	पंकज कम्प्यूटर्स, दिल्ली
मुद्रक	:	बालाजी ऑफसेट, दिल्ली-32

Sadak Par Ugte Bacche
by Dr. Vidya Vindu Singh **Rs. : 350/-**

बंधुवर

श्री बालशौरि रेड्डी जी

श्री मदन मोहन सिन्हा 'मनुज' जी

डॉ. रामाश्रय सविता जी

श्री भइया जी

डॉ. दिनेश चन्द्र अवस्थी जी

को

उनकी सद्भावना और स्नेह के लिए

सादर

अनुक्रम

ज्वलन्त कंचनाभ प्रश्न उठाती लघुकथाएँ–डॉ. शंभुनाथ 11

अपनी ओर से – डॉ. विद्या विन्दु सिंह 15

लघुकथा क्रम

1. रिश्ते 21
2. आदमी या उपभोक्ता 23
3. दरवाजे का हाथी 25
4. जुबान की कीमत 26
5. चोट 27
6. रक्त–दान 29
7. चोरी 31
8. भाषण 32
9. बेकारी 33
10. विश्वविद्यालय 34
11. हार–जीत 35
12. याददाश्त 36
13. सास–बहू 37
14. जनरल वार्ड 40
15. फटी जेबें 41
16. हत्यारा 42
17. वैभव 44
18. भेद बुद्धि 46
19. दान–दक्षिणा 48
20. सड़क पर उगते बच्चे 50
21. कर्ज 51

22. कूड़ा 53
23. आहों तले 55
24. माँ की सेवा 58
25. पड़ोसी 59
26. मजहब 61
27. आह 63
28. क्यों? 64
29. अकिंचन 65
30. मातृ–ऋण 67
31. प्रायश्चित 68
32. दंड 70
33. बेटी 72
34. तप 74
35. संपत्ति 75
36. श्राद्ध कर्म 77
37. दवा 80
38. थकान 82
39. छूत 84
40. पाँव पखार 86
41. कृतघ्न 87
42. कानी बिटिया 88
43. रामलीला 89
44. अब्बा हुजूर 90
45. बच्चों की बुआ 91
46. मकान 93
47. परीक्षा 94
48. बोधिसत्व 95
49. पढ़े–लिखे 96
50. माँ का टूटना 98
51. अनब्याही बेटी 99
52. किलकारी 101

53. वानप्रस्थ 103
54. नर्स 104
55. मातृत्व 106
56. दाँव 108
57. संस्कार 111
58. ध्यान 113
59. उत्तराधिकार 115
60. कुंभ 117
61. बिच्छू और संत 119
62. लोहा स्त्री 120
63. सरप्राइज 123
64. मैडम 125
65. आजादी 127
66. गांधीवादी 129
67. वसीयत 130
68. परछाई 131
69. दूरियाँ 132
70. माया 133
71. तहस–नहस 135
72. गुलाम 137
73. आँखों का तारा 138
74. आदिम गंध 139
75. परंपरा का सूप 140
76. पत्नी 141
77. बिजली का करेंट 143
78. जीवन साथी 144
79. सेवानिवृत्ति 149
80. खुशी 150
81. पेटपोंछनी 152
82. सुमन 154
83. रसोइया महराज 158

कृति की मंगलाशा

आ ब्रह्मन ब्रह्मनो ब्रह्मवर्चसी जायतां
राष्ट्रे राजन्य: शूरऽइशव्योऽति व्याधी महारथो जायतां
दोग्ध्री धेनुर्वोढाऽन ड्वानाशु: सप्ति: पुरन्धिर्योषा
जिष्णू रथेष्ठा: सभेयो युवास्य यजमानस्य वीरो जायतां
निकामे-निकामे न: पर्जन्यो वर्षन्तु फलवत्यो नऽओषधय:
पच्यन्तां योगक्षेमो न: कल्पताम्।।
यजुर्वेद 22, 22

हे परमेश्वर! इस राष्ट्र में ब्रह्म तेज से सम्पन्न ब्राह्मण हों। शूर, लक्ष्यभेद में निष्णात और महारथी क्षत्रिय हों। पर्याप्त दूध देने वाली गायें हों, वेग से गाड़ी खींचने वाले बैल व वेगवान घोड़े हों और गृहकार्य में दक्ष गृहणियाँ हों। यजमान को विनयशाली, उत्तम रथी, सभापंडित और वीर पुत्र प्राप्त हों। इच्छानुसार समय में योग्य वृष्टि हो।

वृक्ष सदैव फल समृद्धि से सम्पन्न बने रहें और हमारे राष्ट्र का योग-क्षेम उत्तम रीति से चले।

असतो मा सद्गमय।
तमसो मा ज्योतिर्गमय।
मृत्योर्माऽमृतं गमय।

ज्वलन्त कंचनाभ प्रश्न उठाती लघुकथाएँ

यह प्रसन्नता का विषय है कि विद्या विन्दु सिंह जी की नवीनतम कृति **'सड़क पर उगते बच्चे'** प्रकाशित हो रही है। लोक–साहित्य एवं लोक–संस्कृति की विदुषी लेखिका के रूप में प्रतिष्ठित श्रीमती सिंह की लेखनी ने जीवन के इन्द्रधनुषी वैविध्य को छुआ है। इस बार उनका अवदान है एक लघुकथाओं का संग्रह– 'सड़क पर उगते बच्चे'।

महर्षि अरविन्द ने कहा था कि भविष्य की कविता मंत्र की भाँति होगी– संक्षिप्त, सुन्दर, अर्थपूर्ण एवं प्रभावशाली। समय 'मंत्र–कविता' की प्रतीक्षा कर रहा है, तथापि जो संकेत शनैः–शनैः उभर रहे हैं, वे उसी दिशा की ओर इंगित कर रहे हैं। दोहों का पुनर्पाठ एवं नये सिरे से पुनर्लेखन, 'अशआर' की बढ़ती माँग, क्षणिकाओं, हाइकु, त्रिशूल एवं 'कैप्सूल' कविताओं का रुचिपूर्वक पढ़ा जाना– सभी कविता के सिमटते आकार एवं बढ़ते प्रभाव का संकेत दे रहे हैं। लम्बी कविताओं और महाकाव्यों को पढ़ने का अवकाश अब कम मिल रहा है।

यही स्थिति कथा–संसार की है। कभी लम्बे–लम्बे वृहताकार उपन्यास अत्यंत सुग्राह्य थे। लम्बी कहानियाँ भी पठनीय थीं, पर धीरे–धीरे बदलते समय के साथ अब कुछ पृष्ठों में सिमटी कहानियाँ ही ज्यादातर पढ़ी जा रही हैं। ऐसी स्थिति में लघु कथाओं का चलन बहुत बढ़ गया है। आज किसी भी लोकप्रिय पत्रिका या समाचार–पत्रों में 'लघु–कविता' एवं 'लघु–कथाओं' का समावेश पाठकीय माँग की पूर्ति हेतु अपरिहार्य हो गया है।

यह अपार हर्ष का विषय है कि इस संग्रह के आरंभ में लेखिका ने पाठकीय रुचि के इस समय सापेक्ष परिवर्तन को भली–भाँति समझते हुए 'सुख के क्षण लघुकथा, दुःख के उपन्यास' शीर्षक से एक वैदुष्यपूर्ण भूमिका का लेखन किया है जो नितान्त पठनीय एवं मननीय हैं। मेरा विश्वास है लेखिका ने इस भूमिका के माध्यम से जो विचारोत्तेजक सामग्री दी है वह अनेक शोध–प्रज्ञों को लघु–कथा के स्वरूप एवं शिल्प पर शोध–कार्य हेतु

उत्प्रेरित करेगा तथा अनेक साहित्यिक मंचों के लिए 'लघु–कथा पर बहस' को विचारोत्तेजक आधार प्रदान करेगा।

आकार में लघु एवं प्रभाव में विशाल होने के कारण इस संग्रह की लघु–कथाएँ अत्यंत सुगमता पूर्वक पठनीय बन पड़ी है तथापि प्रत्येक मर्मस्पर्शी लघु–कथा अन्त में हमें कुछ क्षणों के लिए रुककर सोचने के लिए विवश करती हैं। लेखिका की गवेषणापूर्ण तीक्ष्ण दृष्टि हमारे आस–पास की जीती–जागती, साँस लेती सच्चाइयों पर गई हैं जिनका फिर से सामना करते हुए हम उनके पुनराकलन को बाध्य हो जाते हैं जो प्रायः हमें एक सकारात्मक सोच की ओर ले जाती हैं।

'रिश्ते' इस संग्रह की प्रथम लघु–कथा है जिसमें पति के मरने के बाद विधवा पत्नी से बस कुछ ही समय बाद एक मामूली सी बात को कथित रूप से 'बड़ा आधार' बनाकर सभी सगे संबंधी 'रिश्ते' बदल से लेते हैं, ताकि उन्हें आगे जीवन–यापन हेतु विधवा की सहायता न करनी पड़े तथा उसके बच्चों के भविष्य का आर्थिक भार न उठाना पड़े। लघु–कथा की अंतिम दो पंक्तियाँ निम्नवत् हैं :–

"अब बैठकर शोक मनाने और सबकी सहानुभूति पाकर रोने का उसके पास अवसर नहीं था।

वह काम की तलाश में जाने के लिए तैयार होने लगी।"

इस लघुकथा में यहाँ तक आते ही पाठक को एक धक्का–सा लगता है। इस अर्थ–प्रधान युग में (यहाँ अर्थ का आशय 'धन' एवं 'मतलब' दोनों से है) 'रिश्ते' कितने दिखावटी असहज एवं क्षणजीवी हैं। सुकवि रमेश रंजक की एक कविता की कुछ पंक्तियाँ याद आती हैं:–

"बंधु रे! हम–तुम
घने जंगल की तरह होते
नाम–भर वाले अगर
रिश्ते नहीं ढोते।
बंधु रे! हम–तुम।"

इस संग्रह में 'सड़क पर उगते बच्चे' नामक एक अत्यंत प्रभावपूर्ण लघु कथा है। इस कथा के आधार पर ही इस कृति को 'शीर्षक' प्रदान किया गया है। इस लघु कथा में एक सड़क के किनारे बसे दम्पति एवं उनके परिवार का मार्मिक चित्रण है। लेखिका के शब्दों में "हर साल उसकी गोद में एक

नन्हा सा बच्चा आ जाता था ... कितना सहज था उसके लिए संतान को जन्म देना और अपनी गृहस्थी को चलाना। उसके बच्चे वहीं सड़क पर खेलते, मार–पीट करते पल रहे थे।'' एक सघन कथा–कौशल के साथ लेखिका कहानी को विकसित करते हुए आज के अनेक दहकते प्रश्नों से इस लघु–कथा को जोड़ देती है और ये प्रश्न–क्षेत्र हैं, ''परिवार नियोजन, साक्षरता अभियान, परिवार के प्रति जुड़ाव, गृहणी की चिंता, पुरुष के दायित्व आदि के साथ सड़कों पर नित्य उग रहे बच्चों का भविष्य ?''

इस लघु–कथा की सार्थकता अविश्वसनीय, लचर, आयातित या बासी समाधान प्रस्तुत करने में नहीं, अपितु अग्नि–ज्वाल से धधकते आज के ज्वलंत कंचनाभ प्रश्नों को उठाने में है। सुकवि बाल स्वरूप 'राही' की कुछ पंक्तियाँ निम्नवत् हैं:–

प्रस्तुत न कर सकें जो समाधान,
आओ, फिर मुट्ठी–भर प्रश्न ही उछाल दें।

प्रश्न तो अंतिम लघु–कथा 'सेवा निवृत्ति' भी उठाती है। एक ही परिस्थिति में दो व्यक्तियों की सोच में इतना अंतर क्यों है ? अतिथि–गृह का चौकीदार 'बहादुर' सेवा निवृत्ति पर सोचता है कि वह अपने घर– नेपाल जाकर सभी स्वजनों से मिलेगा और नेपाली–मुद्रा में उसकी पेंशन राशि भी बढ़कर मिलेगी। सेवानिवृत्ति पर उसकी खुशी की सीमा नहीं है। लेखिका को एक वरिष्ठ आई.ए.एस. अधिकारी याद आते हैं जो सेवानिवृत्ति होने की स्थिति में बाथरूम में जाकर खूब रोते हैं और फिर अपने हृदय की पीड़ा एक मित्र से बताते हैं– ''कल से जो शून्य जीवन में आने वाला है, उससे मैं भयभीत हूँ। रात–दिन परिवार की किच–किच में रहना, न गाड़ी, न बँगला, न ड्राइवर, न माली। इतने दिनों से इतनी सुविधाओं का आदी हो गया हूँ कि इन सब के बिना जीना पड़ेगा, सोचकर भी डर लग रहा है। अब मैं ज्यादा दिन नहीं जी पाऊँगा।''

एक व्यक्ति के लिए सेवा–निवृत्ति पिंजरे से बाहर होकर एक पंछी के मुक्त गगन में उड़ान भरने जैसा है और दूसरे के लिए उसके ऊपर मुसीबतों के पहाड़ टूट कर गिर जाने जैसा है। अंग्रेजी के सुप्रसिद्ध कवि जॉन मिल्टन ने लिखा है कि मानव–मन चाहे तो नरक को स्वर्ग बना ले या फिर स्वर्ग को नरक कर दे :–

The mind is its own place, and in itself can make a heaven of hell, a hell of Heaven.

ऐसी ही अनेक लघु–कथाओं से इस कृति का रचना–संसार बुना गया है। आज की ऐसी अनेक स्थितियों का प्रभावपूर्ण चित्रण लेखिका ने किया है जो हमें नये सिरे से सोचने एवं निष्कर्ष निकालने को विवश करती हैं। और यह कृति ऐसे अनेक प्रश्नों को उठाती है जो हमें सकारात्मक दिशा में समाधान ढूँढ़ने को प्रेरित करते हैं। कुल मिलाकर यह कृति एक श्रेष्ठ रचना है जो नितान्त पठनीय, मननीय एवं संग्रहणीय है।

श्रीमती विद्या विन्दु सिंह को इस सशक्त कृति की रचना हेतु हार्दिक बधाइयाँ इस आशा के साथ कि भविष्य में भी वह निरंतर ऐसी ही श्रेष्ठ कृतियों का सृजन करती रहेंगी।

मेरा विश्वास है, इस 'लघु–कथा संग्रह' का सर्वत्र स्वागत एवं समादर होगा।

अपरिमित शुभकामनाओं के साथ,

–डॉ. शंभुनाथ

पूर्व मुख्य सचिव, उत्तर प्रदेश शासन

एवं

पूर्व कार्यकारी अध्यक्ष उ0प्र0 हिंदी संस्थान,

लखनऊ

अपनी ओर से

सुख के क्षण लघुकथा, दु:ख के उपन्यास

कहानी की दीर्घ यात्रा वैदिक युग से लेकर आज तक निरंतर प्रवाहित है। उसने जाने कितने पड़ाव देखें हैं, प्रवाह में बाधाएँ भी झेलीं, नये–नये प्रयोग हुए, उन प्रयोगों को ओढ़ती, परखती कहानी नये नये रूपान्तर ग्रहण करती रही। इन प्रयोगों ने उसे नयी शक्ति दी, नित नूतन समालोचनाओं के संजाल से कहानी विधा निरंतर निखार पाती रही।

सुख लघुकथा है, दु:ख उपन्यास है। सुख के क्षण छोटे हैं, दु:ख के पल युग जैसे हैं। ऐसे क्षणों का स्वागत है, लघुकथा का स्वागत है। सृष्टि के पालक का वामन रूप ढाई पग में ही धरती नाप लेता है। लघुकथा अपने छोटे पगों से सृष्टि का सुख–दु:ख नाप करके कठिनाइयों के पहाड़ लाँघ जाये, आइये एक प्रयास करें, एक क्षण के लिए भी किसी को सुख संतोष देने का प्रयास पुण्य है, किसी की दुखती रग को सहला देना आत्मीयता है। किसी के निराश अँधेरे पथ पर आशा की एक किरण से जीने का उत्साह जगा देना, मानव और साहित्य दोनो की सार्थकता है। लघुकथा भविष्य की किरण बने, इसी विश्वास के साथ लघुकथाओं का यह स्तबक प्रस्तुत है।

लघुकथा आज के युग के लिए अपनी अभिव्यक्ति की सार्थकता, समय को महत्त्व देने वाली अपनी गुणवत्ता के लिए आवश्यक हो चुकी है।

अच्छी लघुकथा की कसौटी क्या है? यह विचारणीय है। लघुकथा में कभी–कभी पूरे जीवन का सत्य उद्‌घाटित हो जाता है। यह बिछुड़ों को गले मिलाती है, बिछुड़ों के चिर बिछोह के आँसू पोंछती है। जो कसौटी साहित्य की किसी भी विधा की है, वही कसौटी लघुकथा की भी है। जो कठिनाइयों को पार करने की शक्ति दे, समय के बहाव में बहने की अपेक्षा हर प्रतिकूल परिस्थितियों को अनुकूल करने का हौसला दे वही साहित्य है। जो जीवन

के विष को आस्था के प्याले में रखकर मीरा की तरह अमृत पीने का विश्वास दे, संसार के विष को नीलकंठ शिव की तरह पीकर अपने कंठ में रखने का संकल्प दे वही साहित्य है। साहित्य शोषण, अन्याय एवं मूल्यहीनता के विरुद्ध प्रखर स्वर एवं संघर्ष भी है जिसका ध्येय सामाजिक समरसता एवं न्याय की प्रतिष्ठा होता है।

लघुकथा और कहानी में अंतर यही है कि कहानी का फलक थोड़ा और विस्तार लेता है। जबकि लघुकथा में कसाव की अधिक अपेक्षा के कारण कम शब्दों में अपनी बात कहनी होती है। आज न बड़ा लिखने का समय रहा न बड़ा पढ़ने का।

कभी–कभी बाहरी दबाव या भीतरी दबाव से जब कुछ कहने के लिए रचनाकार विवश होता है तो वह नाना विधाओं में अभिव्यक्ति करता है। यह उस भाव के संप्रेषण की मात्रा पर निर्भर करता है कि अपनी बात को वह किस विधा में कह पाने का संतोष पाता है। मुझे यह कहने में संकोच नहीं कि लघुकथा ऐसी ही संतोष देने वाली एक सशक्त विधा के रूप में निरन्तर गतिशील हो रही है।

पुराण कथाएँ इस बात की साक्षी हैं कि चरित नायकों के जीवन की प्रेरक घटनाएँ छोटी–छोटी कथाओं के रूप में अमरत्व पाती रहीं।

उपनिषदों के आख्यान भी इसी तरह छोटी कथाओं का रूप धारण करते रहे। पंचतंत्र, हितोपदेश, बैताल पच्चीसी, सिंहासन बत्तीसी की कथाओं की लोक प्रियता इस बात की साक्षी है कि कथा का प्रभाव सर्वाधिक होता है।

कालांतर में कथाएँ धर्म से जुड़ गईं। कथा कहना, सुनना एक पवित्र कार्य हो गया। कथा कहना धर्म गुरुओं का कर्त्तव्य हो गया। धार्मिक कथाओं में प्रायः चरितनायकों, अवतार पुरुषों, देवी–देवताओं के दिव्य स्वरूप के उदार चरित, उनके द्वारा किये गए चमत्कार और कार्य, असत्य पर सत्य की विजय आदि की कहानी कही जाती रही। ये कथाएँ श्रुति परंपरा से पीढ़ी दर पीढ़ी चलती हुई दंत कथाओं, लोक कथाओं के रूप में पूरे विश्व में नाना रूप आकार ग्रहण करती हुई प्रसार पाती रहीं।

'कथा' का शाब्दिक अर्थ 'कथन' से है। जो कहा जाय वही कथा है। पर धीरे–धीरे कथा शब्द विशेष अर्थों में प्रयुक्त होने लगा। जो पवित्रता के साथ अनुष्ठान पूर्वक, विधि पूर्वक कही–सुनी जाय वह कथा है। जो किसी के जीवन की उदात्त भावनाओं, उदात्त चरित्र का बखान कर सके वह कथा

है। फिर तो कथा को सभी धर्मों के आचार्यों, अनुयायियों ने अपने धर्म प्रचार का सशक्त माध्यम बनाया। बुद्धचरित, ईसा की कहानियाँ, गुरुनानक देव की कहानियाँ, मूसा की कहानियाँ आदि लोक प्रचलित होती गईं। फिर प्रेमाख्यानों के रूप में लम्बी कहानियाँ प्रचलित हुईं जिनमें छोटी–छोटी कहानियाँ जोड़–जोड़कर जनसामान्य का मनोरंजन, संस्कार किया जाता रहा। यह भी लघु कहानियों का एक रूप रहा। तोता–मैना के किस्से लोग गढ़ते भी रहे और कहते–सुनते भी रहे। हर कथा–श्रोता द्वारा हुंकारी भरने का नियम बनाया गया। ताकि यह पहचान होती रहे कि वह जागरूक हैं कि नहीं, कथा का प्रभाव ग्रहण कर रहा है या नही। यहाँ दादी–नानी द्वारा सुनाई कहानियों तथा प्रायः चौपाल में या पद–यात्राओं के दौरान विश्राम के क्षणों में कथा कहने–सुनने की सुदीर्घ परम्परा का उल्लेख भी प्रासंगिक होगा।

कहानी को गल्प भी कहते हैं। सुप्रसिद्ध कथाकार श्री अमृतलाल नागर जी परिहास करते थे कि गल्प यानी गप्प, अर्थात् कहानी गप्प है।

इस प्रकार कथा साहित्य ने अपनी विकास यात्रा में जाने कितने मोड़ और पड़ाव देखें हैं। जाने कितने शिल्प और कथ्य के नये–नये रूप, आकार ग्रहण किये हैं पर लघु कहानी अपने संप्रेषण की सार्थकता की दृष्टि से अपनी अलग पहचान बनाए रख सकी है। उसी पहचान की तरह–तरह की बानगी लघुकथाकारों के लघुकथा संग्रहों के रूप में प्रस्तुत हो रही है।

"लघुकथा" के रचनाकार बहुत हैं पर इस विधा के बारे में किसी बड़े आलोचक का वरदहस्त नहीं रहा, किन्तु लघुकथा आंदोलन बराबर चलता रहा। इस आंदोलन में भी और आंदोलनों की तरह काफी शोरगुल रहा।

लघुकथा विधा का जनक कौन है ? और किस–किस को इस लेखन में महारत हासिल है ? किसे महिमामण्डित करना चाहिए और किसे खारिज कर दिया जाय? इन पर भी बहस चलती रही। कुछ लोगों ने इसे विधा न मानकर उपविधा कहा। लघुकथा और लघुव्यंग्य नाम लेकर भी चर्चाएँ होती रहीं। कहने का मतलब है कि मत–भिन्नता लघुकथा को लेकर बहुत रही। इस तरह के विमर्श सर्जना को व्यापक धरातल देते हैं।

कुछ लोगों ने लघुकथा के क्षेत्र में मत–भिन्नता को लेकर खेमेबाजी की बात भी की। किन्तु इन आंदोलनों के शोरगुल और चर्चाओं के समानान्तर लघुकथाएँ लिखी जाती रही। विभिन्न लघुकथाकारों के संकलन संपादित होकर छपे और अलग–अलग लघुकथाकारों के भी संग्रह प्रकाशित हुए। कुछ

लघुकथाओं में क्षेत्रीयतावाद की तलाश की गई और कुछ अन्य प्रकार की आलोचना, समालोचना की शिकार हुईं। किन्तु लघुकथा आंदोलन को कोई बड़ा कर्णधार नहीं मिल सका। यह स्वयं शनैः शनैः चलता रहा और आंदोलन के केन्द्र में कोई एक निश्चित विचार न होने के कारण इसकी निश्चित परिभाषा नहीं की जा सकी और यह कहा गया कि बड़े लेखक या आलोचक इससे जुड़ नहीं रहें हैं इससे यह आंदोलन सामान्य लेखकों का एक जमावड़ा भर रह गया।

किन्तु लघुकथा की अपनी विशिष्टता के कारण लोग इससे जुड़ते रहे। खूब लघुकथाएँ लिखी गईं और लिखी जा रहीं हैं। यद्यपि इसका सही मूल्यांकन करना शेष है। इसमें प्रतिष्ठित और निष्पक्ष समालोचकों का हस्तक्षेप आवश्यक है क्योंकि आधुनिक युग की यह एक सशक्त विधा है जिसके द्वारा हम समाज के परिवर्तन का संकल्प ले सकते हैं।

लघुकथा नाविक के तीर की तरह गम्भीर घाव करती है, यह दावा लेखक या संपादक नहीं कर सकता। वह इसे एक चुनौती के रूप में स्वीकार करता है। पर पाठक को या भावक को पूरा अधिकार है कि वह इस कसौटी पर इस विधा को और इस विधा में प्रस्तुत लघुकथा को परखे और इस उक्ति को इस पर लागू करे या खारिज कर दे।

जैसे जीवन की छोटी–छोटी घटनाएँ जीवन की दिशा बदल देती हैं उसी तरह सहज संवेदना से भरपूर कसी हुई लघुकथाएँ पाठक पर प्रभाव छोड़ती हैं। पर प्रभाव वही छोड़ती हैं जो जीवन के यर्थाथ से रूबरू होती हैं, जो जीवन के मंथन से निकले हुए विष या अमृत को लेखनी की नोक से उतार पाती हैं।

लघुकथा का शिल्प क्या हो? कैसा हो? यह भी परिचर्चा का विषय है। यदि पाठकों की ओर से सुझाव आते हैं तो इसका एक उपलब्धि के रूप में स्वागत है।

आधुनिक जीवन की परिस्थितियों की भाग–दौड़ ने आपाधापी में जैसे उपन्यास, कहानी की यात्रा को छोटा करते–करते लघुकथा तक समेट दिया। मिनी कविता, मिनी कहानी की तरह लघुकथाएँ भी आज के युग की देन है, पहचान और आवश्यकता भी है। अपने छोटे से लघु कलेवर में कथा का सार तत्त्व समेटे लघुकथाएँ जीवन का सत्य उद्भाषित करती, उद्घाटित

करती उन्हें उकेरती रहती हैं। लघुकथाओं को एक प्रयोग के रूप में या एक आंदोलन को योजनाबद्ध रूप में लेने की कोई आवश्यकता नहीं यह स्वयं घटित होता गया है।

लघु कहानियों में किशोर मन की भावुकता, कल्पना की उड़ान, मैत्री, प्रेमी की चाह और प्रेम की कसक, उल्लास और उत्साह, प्रेम से प्रेरणा और ऊर्जा प्राप्त करने की पेशकश जीवन के प्रति एक आशावादी दृष्टिकोण हैं। इनमें प्रेम को एक आदर्श रूप में प्रस्तुत करने की अभिव्यक्ति क्षमता है। प्रेम में त्याग की भावना की ओर भी संकेत होता है।

लघुकथाओं में कठिन परिस्थितियों से जूझने और अपनी आस्था के बल पर सफलता प्राप्त करने की घटनाएँ व्यक्त हो रही हैं। कई कहानियाँ लेखकीय जीवन के आस–पास घूमतीं हैं और लेखक की आकांक्षा, उसकी अभिव्यक्ति की छटपटाहट और अपनी अभिव्यक्ति को लोगों तक पहुँचाने की लालसा व्यक्त करती हैं। छोटी से छोटी घटनाएँ लेखक के मन को आन्दोलित कर देती हैं, इस तथ्य का खुलासा करती हैं लघुकथाएँ।

आज लघुकथा लेखन के क्षेत्र में मातृशक्ति अधिक सक्रिय है। यह इस बात का प्रमाण है कि स्त्री अपनी शक्ति की पहचान की दिशा में अधिक सक्रिय हुई है।

इस तरह लघुकथा कार्यशालाओं या लघुकथाकार शिविरों के आयोजन की उपलब्धि के रूप में भी पहचान बना रही है। लघुकथाकारों द्वारा निरन्तर प्रगतिशील होती लघुकथाएँ पढ़कर संतोष होता है। किन्तु यह संतोष तब पूर्णता प्राप्त कर सकेगा जब लघुकथा विधा के बारे में अपनी मूल्यवान टिप्पणी देकर लघुकथा आंदोलन को एक स्वस्थ दिशा देने का प्रयास भी लोग करेंगे। यह दायित्त्व पाठक, आलोचक और लेखक तीनों का है।

मेरे इस संग्रह में अधिकांश लघुकथाएँ वरिष्ठ नागरिकों की उपेक्षा के प्रति आक्रोश व्यक्त करती, उनके सुख–दुःख में भीगती हुई मिलेंगी। यह आज की सबसे बड़ी समस्या बनती जा रही है। स्वार्थवश चालाकी से सबकुछ अपने लिए हड़पने वाली आज की अपसंस्कृति ने समाज में सौहार्दभाव के लिए एक खतरा पैदा कर दिया है। ये लघुकथाएँ एक आवाज हैं ऐसे लोगों को एकजुट होने की पुकार के लिए जो अपनी संस्कृति और विरासत को बचाने के लिए इच्छुक हैं।

इस संग्रह में कुछ छोटे क्लेवर की कहानियाँ भी आ गयी हैं जिन्हें लघुकथा नहीं कहा जा सकता। मैं इसे स्वीकार करती हूँ।

मैं आभारी हूँ दिव्यम् प्रकाशन के प्रकाशक श्री कमल सचदेवा जी के प्रति जिन्होंने इसे पाठकों के लिए सुलभ बनाया। मैं आभार व्यक्त करना चाहूँगी उन लोगों के प्रति भी जिन्होंने अपने जीवन की घटनाएँ मुझे सुनायीं और मुझे कथा के तन्तु दिये तथा लघु कथाओं को स्वाभाविक सत्य के निकट रखा। मैं कृतज्ञ हूँ आदरणीय डॉक्टर शंभुनाथ जी की जिन्होंने इस कृति को आर्शीवाद देकर इसको महत्त्व दिया।

आदरणीय श्री गोपाल चतुर्वेदी जी ने मेरी कहानियों को पढ़कर निरंतर कथा लेखन के लिए प्रोत्साहित किया। मैं उनकी प्रेरणा के प्रति आभार व्यक्त करती हूँ।

मुझे कथा चाहे लघु कथा हो या कहानी, उपन्यास, उनके लेखन की प्रेरणा श्री गोविन्द मिश्र, श्रीमती चित्रा मुद्गल, श्री हिमांशु जोशी, श्रीमती दीपक शर्मा, डॉ. प्रतिभा राय श्रीमती सूर्यबाला जी आदि सुप्रसिद्ध यशस्वी कथाकारों से मिलती रही है। मैं इन सबके प्रति प्रणति निवेदन करना चाहती हूँ।

मैं अपने पाठकों के प्रति भी आभारी हूँ जिनके पत्र और दूरभाष पर दिये गए संदेश मुझे कथा लेखन से जुड़ने का प्रोत्साहन देते रहते हैं।

मैं सुधी पाठको से निवेदन करना चाहती हूँ कि वे अपनी निष्पक्ष प्रतिक्रिया और आलोचना से मुझे मेरी लघुकथाओं की कमियों की ओर इंगित करेंगे और यदि तनिक भी कुछ अच्छा लगा तो मेरा उत्साह बढ़ाएँगे तो मुझे प्रसन्नता होगी।

–डॉ. विद्या विन्दु सिंह

श्रीवत्स, 45–गोखले विहार मार्ग

लखनऊ,

फोन नं.–9335904929, 0522–2206454, 9451329402

1. रिश्ते

वह गर्मियों की छुट्टियाँ बिताने पति और बच्चों के साथ घर आयी थी।

दुर्भाग्य से एक दुर्घटना में पति चल बसा था।

अभी इस वज्रपात को हुए केवल एक महीने ही बीते थे। पर लोगों की सहानुभूति का ज्वार उतर गया था।

उसके सामने भी पति वियोग के दुख से अधिक अब तीन बच्चों के भरण–पोषण की चिन्ता थी।

उनकी पढ़ाई, विवाह आदि समस्याओं की फिक्र बड़ी होने लगी थी।

जो भी जमा पूँजी थी उसे बैंक से निकालकर और कुछ कर्ज लेकर उसके पति ने गाँव में खेती के लिए ट्रैक्टर ले लिया था। अभी उसकी कुछ किश्तें जमा होनी थीं।

ले दे कर उसके पास शहर की एक कोठरी बची थी। उसे उसके पति ने बड़े अरमान और अथक श्रम से बनवाई थी।

पर अब शहर में बिना आजीविका के रहना कठिन था।

वह शहर गई और कोठरी बेंच दिया।

अपना सामान समेट कर कलेजे पर पत्थर रखकर लौट आई।

पति के मित्र की सलाह पर मकान की बिक्री का पैसा लड़की के नाम बैंक में डाल दिया।

क्योंकि उसे मालूम था कि लड़की के नाम से जमा किया हुआ पैसा निकाल कर ही पति ने ट्रैक्टर खरीदा था। वह सोच भी रही थी कि इससे सभी को संतोष होगा कि लड़की का पैसा वापस जमा हो गया। इसलिए उसने निश्छल भाव से सबको बता भी दिया था।

पर इस घटना का प्रभाव इतना पड़ेगा कि रिश्ते ही बदल जाएँगे, वह नहीं जानती थी।

ससुर ने कहा– बहू ! अभी ट्रैक्टर की किश्त जमा करनी थी, अब पैसा कहाँ से आएगा ?

देवर ने कहा – ठीक है, भाभी जी! अब हम लोगों से कोई आशा न करना। इन्हीं पैसों से लड़की की शादी करना।

देवरानी ने कहा – ट्रैक्टर में पैसा लगता तो उसकी कमाई से ही तो तुम्हारा भी खर्च चलता दीदी ! बिना जोते–बोये कहाँ से भरेगा इतने लोगों का पेट?

वह अवाक् थी।

वह विधवा जिस दिन हुई, उस दिन उसके दुःख का मारा उसका परिवार साथ था।

आज वह अपने पैर के नीचे से जमीन को भी अपने से दूर खिसकती पा रही थी। जबकि वह जमीन उसकी भी थी।

उसने निश्चय किया कि अपने बच्चों के भविष्य के लिए वह स्वयं कुछ काम करेगी।

अब बैठकर शोक मनाने और सबकी सहानुभूति पाकर रोने का उसके पास अवसर नहीं था।

वह काम की तलाश में जाने के लिए तैयार होने लगी।

2. आदमी या उपभोक्ता

मैं सामान खरीद चुकी थी।

दूकानदार को मूल्य चुका रही थी, तब तक इलायची की तश्तरी मेरे पास खड़े एक सज्जन के सामने प्रस्तुत हुई।

उन्होंने बड़ी ऐंठ के साथ जैसे कि दूकानदार को उपकृत कर रहे हों, एक इलायची उठा ली।

इलायची की तश्तरी लौट गई।

शिष्टाचार वश भी मेरी ओर उसे दिखाने की आवश्यकता नहीं समझी उस दूकानदार ने।

वह सज्जन बाहर चले गए।

दूकानदार बड़बड़ाया था– "इन्कम टैक्सी शैतानी स्वान। इसकी दुम सीधी ही नहीं होती। चाहता है कि आधी इन्कम इसके ही हवाले कर दी जाए।"

मेरे लिए भी इलायची की तश्तरी का यूँ शिष्टाचार के विरुद्ध वापस जाना अप्रत्याशित था।

मेरा नियम था कि जिस भी शहर में रही, एक ही दूकान से बराबर सामान खरीदती थी। और उस दूकान को अपनी दूकान समझने तथा दूकानदार को अपना आत्मीय स्वजन समझने का विश्वास रहता था।

किसी दूसरी दूकान से सामान लेने में झिझक होती थी कि वह सुनेगा, देखेगा तो उसे बुरा लगेगा या उसे दुःख होगा।

पर आज मुझे लगा कि यह दूकानदार मेरे मानवीय रिश्तों के विश्वास को चुनौती दे गया।

यह आदमी नहीं उपभोक्ता हो गया है और उपभोग की तृष्णा में न चाहते हुए भी उस व्यक्ति को आदर देने के लिए विवश है जिससे वह घृणा करता है।

और मुझे यह भी लगा कि वह मुझे मनुष्य नहीं उपभोक्ता समझ रहा है तभी वह दिखावे का शिष्टाचार भी नहीं निभा सका।

पर मेरा मन जो गँवई गाँव का संस्कार लिए संपर्क में आए सभी लोगों को आत्मीयता के सूत्र में बाँधने के प्रयास में सुख तलाशता फिरता है, वह यह स्वीकार करने को तैयार नहीं कि मैं मात्र उपभोक्ता हूँ, मनुष्य नहीं।

अब मैंने दूकान बदल दी।

दूसरी दूकान पर मुझे सामान लेने जाते देखकर वह एक दिन बोल पड़ा– "बहन जी! क्या बात है? आपने तो यहाँ आना ही बंद कर दिया। कोई भूल हो गई क्या?"

फिर उसने उठकर अगवानी करते हुए कहा– "आइए बहन जी! बहुत गर्मी है कुछ ठंडा पी लीजिए।"

पर मुझे लगा कि यह अभी भी एक ग्राहक उपभोक्ता को फँसाने के लिए चारा डाल रहा है और मेरे कदम आगे बढ़ गए।

3. दरवाजे का हाथी

मुखिया के घर की बहुएँ अँधेरा होने पर खेतों की ओर जा रही थीं। दरवाजे पर बँधे हाथी को देखकर एक बोली – "इसी मरे हाथी के कारण हमारी यह दुर्गति है, न पेट भर भोजन, न तन पर समूचे वस्त्र।"

यह सत्य घटना सुनाई थी मेरी एक मित्र ने।

सुनकर पहले लगा था कि शायद हाथी का खर्च अधिक होने के कारण उन्होंने ऐसा कहा हो।

पर बात असली यह थी कि यह प्रतिक्रिया थी इसकी कि द्वार पर झूमता हाथी देखकर ही उनके पिताओं ने अपनी कन्या इस परिवार में दी थी।

मैं यह प्रतीकात्मक घटना एक दिन सुनाने लगी महिलाओं की एक गोष्ठी में।

सुनकर एक महिला की आँखों में आँसू डबडबाये और फिर उसके लाख रोकने पर भी बाहर छलक पड़े।

मैंने उसके कंधें पर हाथ रखा तो वह सिसक कर बोली– अब उस हाथी की जगह कार ने ले ली है।

पहले तो केवल खाने–पहनने का ही दुःख था। अब तो इसके पेट्रोल का खर्च चलाने के लिए भी हमारे पिताओं को मजबूर होना पड़ता है। न दें तो उनकी बेटी का जीना मुश्किल।

उसकी बातें सुनकर सभी की आँखें भर आयीं।

तभी एक युवती खड़ी होकर बोली– "यह रोने बिसूरने की बात नहीं है। बहुत रो चुकीं आप। आप कहिए कि मैं स्वयं धन अर्जित करूँगी। कुछ भी परिश्रम करिए, कुछ कमाइए, फिर देखिए।"

4. ज़ुबान की कीमत

हमारे माता–पिता कहते थे कि आदमी की ज़ुबान की कीमत सबसे ज्यादा है।

इसीलिए बिना किसी प्रकार की लिखा–पढ़ी के लाखों रुपये का पहले लेन–देन चलता था।

मैंने स्वयं कुछ लोगों के वचनों से आश्वस्त होकर उन्हें कुछ पैसे दे दिए थे। पर वे वापस नहीं लौटे।

पर मुझे भी सुदर्शन की कहानी 'हार की जीत' के 'बाबा भारती' आज तक याद हैं। इसलिए अपने इन कटु अनुभवों को सबसे नहीं कहती।

लेकिन विश्वास करने, न करने के अंतर्द्वन्द्व की ये स्थितियाँ प्रायः ही उत्पन्न हो जाती हैं।

मैं एक दिन बाजार बिना थैले के ही पहुँच गई।

मैं इस दूकान पर पिछले 10 वर्षों से सामान ले रही थी।

मैंने उससे कहा– "किसी थैले या बोरी में सामान डाल दो, कल मैं लौटा जाऊँगी।"

पर मुझे झटका लगा तब, जब उसने एक फटी बोरी के चार रुपये 'सिक्योरिटी' के जमा करा लिए।

मैं सोचने लगी। कहाँ गई वह बेशकीमती ज़ुबान ? जिसके हिलाने मात्र से लाखों के वारे–न्यारे हो जाते थे।

5. चोट

बारिश से आँगन में पानी जमा था।

महरी कहने पर भी उसे ठीक से नहीं सुखाती थी।

उस दिन भी वह जल्दी में काम निपटाकर भाग जाना चाह रही थी। उसे लग रहा था कि अभी दो सेकेन्ड भी और रुकी तो चाय–नाश्ते के बरतन भी माँजने पड़ जाएँगे।

वह स्वयं चाय पीकर जल्दी से केवल अपना कप धोकर उठ पड़ी थी। तब तक पैर फिसला और वह आँगन में गिर गई।

कमर और रीढ़ की हड्डी में उसने भयंकर पीड़ा बतायी। मैंने उसे चटाई बिछाकर लिटाया। दवा मली और किसी की गाड़ी मँगाकर उसे डॉ0 के यहाँ लेकर गई क्योंकि वह कह रही थी कि मैं चल नहीं पाऊँगी।

बाजार से डॉ. के निर्देशानुसार इंजेक्शन, दवा आदि लेकर उसे उसके घर पहुँचा दिया।

डॉ. ने कहा था कि कोई चिंता की बात नहीं है।

दूसरे दिन उसे फिर देखने उसके घर भी गई और कहा कि अभी तुम आराम करो, ठीक हो जाओ तब काम पर आना।

दूसरे दिन ठीक उसी स्थान पर मैं स्वयं गिर पड़ी। चोट ऊपरी ही थी पर उठने–बैठने में कष्ट हो रहा था।

सहायता के लिए कोई नहीं था।

पड़ोसन आईं। उनके यहाँ भी वही महरी काम करती थी। उन्होंने बताया कि महरी की लड़की तो मेरे घर काम कर जाती है पर उसने मुझसे कहा था कि आप बगल वाली बहू जी से मत बताइयेगा कि मैं काम पर आती हूँ । क्योंकि मेरी माँ ने कहा है कि वह बहू जी तो पैसे काटती नहीं हैं। अब मैं कुछ दिन आराम करूँगी। बहुत दिनों से काम करते–करते थक गई हूँ।

मेरी पड़ोसन ने दूसरे दिन उसके स्वयं आने पर उससे बताया कि

तुम्हारी बहू जी भी गिर पड़ी हैं । उन्हें भी चोट लग गई है। तुम देख तो आओ।

तब वह बोली – "नहीं बहू जी ! देखने जाऊँगी तो फँस जाऊँगी। आप बताइएगा नहीं कि मैं आयी थी।"

मेरा आत्मीयता का संकल्प फिर लड़खड़ाने लगा। शरीर की चोट से अधिक कहीं और उठी कसक का अनुभव कर रही थी।

चोट लगी होने पर भी सारा काम किसी तरह निपटाना पड़ रहा था।

कहने पर भी और कोई महरी 'अउजी' पर भी उसने नहीं भेजा।

मेरे बुलवाने पर भी कोई नहीं आई। सब डर रही थीं कि वह लड़ेगी।

मैंने मन ही मन निश्चय किया कि अब मैं भी हर नागे का पैसा काट लूँगी। पर वह निश्चय अगले ही दिन ढह गया। जब वह आकर क्षमा की मुद्रा में रोनी सूरत बनाकर खड़ी हो गई।

मुझे लगा कि यदि मैंने स्वयं को बदल लिया तो संवेदना की बात करना और लिखना दोनों ही निरर्थक, निराधार हो जाएगा।

और मैंने पंद्रह दिन का नागा काटे बिना उसे पूरी पगार दे दी।

मुझे लगा अपनी चोट पर मैंने स्वयं आत्मतोष का मरहम लगा लिया है।

6. रक्त–दान

मेडिकल कॉलेज के इमरजेन्सी वार्ड में एक अचेत बच्चे के माता–पिता से परीक्षण के बाद डॉ. ने कहा–इसे तुरंत ख़ून देना पड़ेगा। आप दोनों में से कोई खून दे दे– खून न मिलने पर बदले में दूसरा ख़ून बच्चे को चढ़ा दिया जाएगा।

पुरुष–स्त्री दोनों एक दूसरे को देखने लगे।

पुरुष ने कहा– "तुम खून दे दो न कोई तकलीफ नहीं होगी।"

स्त्री ने कहा– "तुम्हीं क्यों नहीं दे देते ! मुझे तो वैसे भी कमजोरी है।"

पुरुष बोला– "मुझे तो रात–दिन रोजी–रोटी के लिए भटकना पड़ता है। तुम्हारा क्या? घर में बैठी रहती हो।"

स्त्री बोली– "घर में क्या कम खटना पड़ता है? तुम तो तरह–तरह की चीजें खाते हो बाहर। मैं तो बस दाल–रोटी..."

डॉ. सुनते–सुनते खीझ उठे– "तुम लोग इस वक्त बच्चे का जीवन बचाना चाहते हो कि नहीं ?"

पुरुष बोला– "डॉक्टर साहब आप अस्पताल से खून चढ़ा सकते हों तो चढ़ा दीजिए। मैं नहीं दे पाऊँगा।"

उसे अभी तक उम्मीद थी कि बच्चे की माँ अपना ख़ून देने को तैयार हो जाएगी।

पर उधर से कोई आवाज नहीं आई। घूँघट के भीतर एक सिसकी भर सुनाई दी।

डॉक्टर ने कहा, "तुम क्या कहती हो ?"

तुम लोग खून नहीं दे सकते तो पैसा खर्च करना पड़ेगा।

बेंच पर बैठा एक आदमी बोल उठा– "अरे डॉक्टर साहब ! ये दोनों सोच रहे होंगें कि इस सूखाग्रस्त मरियल बच्चे को बचाने की बजाए दूसरा स्वस्थ बच्चा पैदा कर लेंगे।"

मुझे अचानक अपने छत की बन्दरिया याद आ गई। जो अपने

बीमार–मरियल बच्चे को छाती से चिपकाये कातर भाव से डोल रही थी और उसके मर जाने के बाद भी उसे चिपकाये रोती–फिरती रही।

तभी मैंने देखा कि वह स्त्री उठी और डॉक्टर साहब के पास जाकर खड़ी होकर बोली, "डॉक्टर साहब! मेरा खून ले लीजिए।"

डॉक्टर ने उसे देखकर कहा– "क्या आप गर्भवती हैं? ऐसी हालत में आप खून नहीं दे सकतीं। आपको देखकर तो लग रहा है कि आपको भी खून चढ़ाने की जरूरत है।"

डॉक्टर ने पुरुष की ओर हिकारत भरी निगाह डाली और कहा– "खाने को नहीं है तो इतने बच्चे क्यों पैदा करते हो? इलाज नहीं हुआ तो जच्चा बच्चा इन दोनों की जान भी खतरे में पड़ जाएगी।"

पुरुष ने जेब से एक शीशी निकाली और पूरी गटककर बोला– "डॉक्टर साहब! आप ही खून दे दीजिए न। रक्तदान–महादान।"

7. चोरी

मटर के खेत में वह जल्दी–जल्दी कच्ची फलियाँ उदरस्थ कर रहा था।

थोड़ा सा पेट में पहुँचने पर कुछ चेतना जगी।

उसने सोचा थोड़ी मटर अपनी छोटी बहन और माँ के लिए भी ले चलूँ।

अब फलियाँ पेट नहीं, जर्जर जेब भर रही थीं।

पर उस भूखे, बदहवास बालक ने अपने पीछे खड़े खेत के मालिक को नहीं देखा था जो अपने क्रोध को प्रकट करने का क्रूर से क्रूरतम उपाय सोच रहा था।

हाथ पकड़कर घसीटता हुआ वह उसे वहाँ ले चला जहाँ उसका भैंसे सा भीमकाय मित्र खड़ा था।

उस क्रूर हिंसक पहलवान के पिछले कारनामें याद कर खाली पेट में पहुँचे मटर के दाने भी उसे लगा कि भय से बाहर आ जायेंगे।

पेट पर ही कस कर जमाये गए घूँसे ने उसको संज्ञाशून्य कर दिया। लोगों की भीड़ तमाशा देख रही थी।

कौन रोके उसे पीटने से?

उसके पास चोरी का सबूत थैली के मटर जो थे।

और वह चोरी एक भूखे गरीब ने की थी।

8. भाषण

बाल कल्याण समिति की सदस्या उमा जी का बहुत ही प्रभावशाली वक्तव्य था 'बाल विकलांगता को रोकने में माता की भूमिका'।

जन समूह प्रभावित होता हुआ मंत्र–मुग्ध सा सुन रहा था।

तालियों की गड़गड़ाहट के आत्मसुख में डूबी हुई जब वे वापस अपने घर पहुँची, तो देखा पलंग पर पट्टियों से ढँका पैर लिए उनका पाँच वर्षीय पुत्र पीड़ा से चीख रहा था।

घबड़ाकर बड़े पुत्र की ओर उन्होंने प्रश्नाकुल दृष्टि फेरी।

वह बहरों को सुनाने जैसी ऊँची आवाज में बोला–'माँ, इसने जीने से गिरकर पैर तोड़ लिया।'

उसकी माँ को घर पहुँचाने आने वाले सज्जन, जो प्रायः आते रहते थे, उन्होंने प्रश्न किया, बेटा! तुम आज इतना ऊँचा क्यों बोल रहे हो ?

पुत्र का उत्तर था –"बेचारी माँ बहुत ऊँचा सुनती हैं न, तभी तो वह अपना बोला हुआ भाषण भी नहीं सुन सकती।"

सब ने देखा, उनका माथा झुक गया था।

एक सज्जन एक घंटे से प्रतीक्षा में बैठे थे। वे किसी समारोह में प्रतियोगिता में विजयी बच्चों की माताओं को पुरस्कार वितरण करने के लिए उमा जी को आमंत्रित करने आए थे।

उमा जी ने एक बार बच्चे के पाँव पर नजर डाली, बड़े बेटे को देखा और बोल पड़ी– "भाई साहब ! क्षमा करें, मैं अपने को इस योग्य नहीं समझ पा रही हूँ कि पुरस्कार वितरण कर सकूँ।"

"अब तक मैं जो बोलती आई अपने भाषणों में, उसे अपने जीवन में जीने भी लगूँ तभी कुछ बोलने का हक पा सकूँगी।"

9. बेकारी

माँ–पुत्र गंगा में स्नान कर रहे थे।

अचानक पुत्र जल की गहराइयों में खो गया।

माँ की चीत्कार सुनकर आए स्वयंसेवकों ने उसके शरीर को बाहर निकाला।

मेडिकल कॉलेज में पेट का पानी निकालकर बनावटी साँस देकर उसे पुनर्जीवन दिया गया।

माँ को देखते ही वह फूट पड़ा–"क्यों जिलाया तुम लोगों ने मुझ बेकार व्यक्ति को ?"

"मैं अपनी माँ की भूख नहीं देख सकता। मैंने तो जान–बूझकर डुबकी लगाई थी।"

उसकी माँ रोष और मान के स्वर में बेटे से बोल उठी– "मैने तेरी इतनी दुर्गति देखी, फिर भी जिन्दा हूँ। तू क्यों ढोंग कर रहा है, माँ के हृदय से भी अधिक कोमल मन का होने का ? तेरे न रहने पर मेरा पेट भरेगा क्या ?"

माँ की बात उसे तीर सी लगी।

वह उठकर खड़ा हो गया और गंभीर मेघ जैसे स्वर में बोला– "मैं जिऊँगा, माँ ! ह्रदय को तो मजबूत करूँगा ही, अब हाथों को भी फौलाद का बनाऊँगा।"

स्वयंसेवकों ने उसकी पीठ थपथपाई।

माँ की आँखें रोते–रोते हँस पड़ीं।

10. विश्वविद्यालय

गाँव में बच्चों का खेल हो रहा था।

एक बालक सीटी बजाने तथा सिर को एक अदा से झटका देने का रिहर्सल सा कर रहा था।

दो तीन लड़कियाँ धूल का पाउडर लगाकर, माँ की महावर की शीशी को बिन्दी, नेल पालिश और लिपिस्टिक हेतु प्रयोग कर रही थीं।

दो लड़के एक लड़की का रास्ता रोक कर खड़े थे।

दो लड़के हाथ में तमंचा लिए ' हैण्डस अप' करा रहे थे एक बालक को।

एक बालक अध्यापक बना हुआ सिगरेट मुख में लगाये था और दूसरा विद्यार्थी बना हुआ उसकी सिगरेट जला रहा था।

एक बालक और एक बालिका हाथ में पोस्टर लिए हुए मुट्ठियाँ भींचते हुए नारे लगा रहे थे।

मैंने पूछा– "तुम लोग क्या कर रहे हो?" वे सब बोल उठे– हम विश्वविद्यालय जाने और पढ़ने का खेल खेल रहे हैं।

मैंने देखा मिट्टी के घरौंदे के रूप मे खड़ा बौना विश्वविद्यालय भी शर्मिन्दा होता हुआ इस विद्रूप को झेल रहा था।

पता चला कि शहर से कल विश्वविद्यालय के एक प्रवक्ता और कुछ छात्र–छात्राएँ यहाँ किसी शोध योजना में आए थे।

11. हार–जीत

पतंगबाजी में रंग बिरंगी पतंगें आकाश को छू रही थीं अचानक एक लड़के की पतंग को दूसरे ने काट दिया। उसकी माँ उस लड़के पर बरस पड़ीं। तुम मेरे बेटे से ईर्ष्या करते हो, तुमने उसकी पतंग काट दी। अब वह दुःखी होगा।

पतंग कटने पर भी जो लड़का खुश था और अगली बाजी में इस दाँव पेंच का प्रयोग करने के लिए उत्साहित था, माँ को झगड़ते देखकर दुःखी हो गया। अचानक माँ के प्रति उसका मन विद्रोह से भर उठा। माँ को मेरे हारने से दुख होता है, तो अब मैं जीतने की कोशिश ही नहीं करूँगा। माँ हार मान कर मेरी चिंता करना छोड़ देगी और तब खेल के मैदान में भी मेरे पीछे आने की अपनी आदत छोड़ देंगी। जानें कब माँ समझेगी कि मैं बड़ा हो गया हूँ और अब वह मुझे अपनी गोद से अलग कर दे।

माँ देखती रही बेटा हार कर भी दुःखी नहीं है। उसने बेटे से पूछा, "क्या बात है बेटा ? तुम हार कर भी इतना खुश होते हो जितना जीतने पर भी नहीं होते थे ?"

बेटा बोला– "उसका कारण तुम हो माँ !"

माँ बोली– "मैं ! क्या कह रहा है तू !"

बेटे ने उत्तर दिया– "हाँ, माँ खेल में हार–जीत होती ही है। खेल तो खेल है। बिना हारे जीत का आनन्द कहाँ ? माँ ! अब मैं बड़ा हो गया हूँ। माँ! तुम्हारी गोद में डरकर छिपने वाला बच्चा अब नहीं रहा मैं।"

माँ हँस पड़ी ! बोली– "अच्छा बेटा ! मैंने अपनी गलती मान ली। अब मैं तेरे खेल में नहीं बोलूँगी।" प्रसन्नता से बेटे ने माँ को गोद में उठा लिया।

12. याददाश्त

रेल के तीसरे दर्जे में सफर करते हुए समय काटने के लिए लोग विभिन्न विषयों पर चर्चा कर रहे थे।

तभी किसी सामयिक विषय पर एक भद्र महिला और एक पुरुष सहयात्री में बहस छिड़ गई।

महिला के तर्क अकाट्य थे।

पुरुष उसे काटने के लिए अनेक प्रकार की लचर दलीलें पेश कर रहा था।

निरुत्तर हो जाने पर आखिर उसने अपने मन का गुबार आवेश में उगल ही दिया–"मैं तो किसी महिला से बहस करना इसीलिए पसंद ही नहीं करता क्योंकि उनमें बुद्धि नाम की कोई चीज ही नहीं होती।"

इस बहस को निर्लिप्त भाव से सुन रहे एक सज्जन बोल उठे– "पुरुष के इसी दंभ ने नारी से उसे पराजित कराया है। खरगोश और कछुए की कहानी तक उसे याद नहीं रहती।

दूसरी सहयात्री स्त्री ने कहा–"इन्हें केवल याद करने की ही नहीं, अपने गलत कथन के लिए क्षमा माँगने की भी जरूरत है।"

पुरुष बौखला गया था।

पर हवा का रुख देखकर उसने क्षमा माँग ली।

13. सास–बहू

बेटे, बहू से असंतुष्ट, रुष्ट होकर माँ जा रही थी। जबकि उन दोनों ने अलमारी में बिछे अखबारों के नीचे से मौके–बेमौके के लिए छिपाकर सुरक्षित रखे कागज के मूल्यवान टुकड़ों को भी निकालकर माँ के स्वागत में उनकी फरमाइशें पूरी करने में खर्च कर दिया था और आज महीने की पंद्रह तारीख ही थी।

बहू ने दबी जबान से रुकने की विनम्र प्रार्थना की पर सास का उत्तर तिरस्कार में डूबा था–'अभी मैं अपने घर की रानी हूँ, भगवान न करे तुम लोगों के सहारे रहना पड़े।'

बहू का उच्छवास फूटा– "माँ जी ऐसा क्यों कह रही हैं ? हमसे क्या गलती हो गई है ? आप हमारे सहारे क्यों रहेंगी ? हम सब तो आपके बच्चे हैं, आपके आशीर्वाद के सहारे हैं, हमें तो आपका आश्रित बनना अधिक सुखकर लगता है, अभावों की स्वामिनी बनने से क्या सुख मिलेगा भला ?" कहते–कहते बहू की आँखें भर आयीं।

सास ने ताना कसते हुए कहा, "इतने दिन पाला पोसा, क्या जीवन भर बैठ कर खाने का इरादा है ? हमसे तुम्हारा उबला खाना अब और नहीं खाया जाएगा। न अचार, चटनी, न मिर्च। अरे! रोज पूड़ी, पराठा, पकौड़ी न सही तो चुपड़ी रोटी तो चाहिए ही। तुम्हारे मायके में ऐसा खाना खाया जाता होगा। हमारे यहाँ ऐसा रिवाज नहीं है, एक समय तो पक्का खाना जरूरी है ही।"

बहू धीरे से बोली–" माँ जी ! रोज–रोज पक्का खाना सेहत के लिए अच्छा नहीं है। पहले लोग खाते थे तो उतनी ही शरीर से मेहनत करते थे तो पच जाता था। उतनी शरीर की मेहनत तो हम लोग करते नहीं तो पचेगा कैसे ? दूसरी बात है कि वनस्पति घी, तेल, मसाले इतने महँगे हैं कि उन पर पैसा बेकार खर्च करने से तो अच्छा है कि हरी सब्जी और मौसम के फल खाए जाएँ तो डॉक्टर और दवा के खर्च से भी बचत हो।"

सास जी तुनक कर बोली– "बचत–बचत–बचत ! अरे ! खाने के लिए ही तो कमाया जाता है। पेट काटकर बचत करने से क्या फायदा ?"

बहू फिर विनम्र स्वर में बोली– "मैं पेट काटने की बात नहीं कर रही हूँ माँ जी। ऐसी फालतू चीजें जो स्वास्थ्य खराब कर दें, उन्हें खाने से क्या फायदा ?"

सास जी का पारा अभी गरम था– "अरे ! इज्जत भी तो कोई चीज है। कल मेरे बेटी–दामाद आए। उनको भी तुमने सादी सब्जी, रोटी और दाल खिला दी। कभी घर आकर देखो कि उनके आने पर मैं कितने पकवान बनाती हूँ। अरे! भरे पूरे घर से जो आती हैं वह इस तरह दरिद्रपन नहीं दिखाती हैं। क्या सोचा होगा दामाद जी ने ?"

बहू मुस्कराकर बोली– "अरे ! अम्मा, इस बात पर नाराज हो। ननद–ननदोई जी का पेट गड़बड़ था, उन्हें बीमार थोड़े ही करना था। यात्रा से आए थे फिर यात्रा में जाना था और वे लोग कुछ बुरा न माने होंगे आप विश्वास रखें। उनका अपना घर है, कोई पराये थोड़े ही हैं और वे लोग पढ़े लिखे लोग हैं। शहर में नौकरी करते हैं, परिवार चलाते हैं। वे जानते हैं कि इस मंहगाई में कैसे रहना चाहिए ?

और अम्मा भरे पूरे घर से आने का मतलब यह नहीं है कि झूठी शान दिखाई जाए। मेरे माता–पिता तो बराबर यही सिखाते थे– "बेटी, तेरी शिक्षा हम तभी पूरी मानेगें जब तुम ईमानदारी की कमाई में सादगी से गुजर बसर करना सीख जाओगी। दूसरों की चमक–दमक और दिखावे की नकल जो करते हैं उनका पढ़ना लिखना बेकार है।"

"अम्मा! मैं अपने माता–पिता की दी हुई शिक्षा के सहारे यह घर चला रही हूँ और मेरा यह परिवार खुश है, स्वस्थ है, इससे बढ़कर और क्या चाहिए?"

"अम्मा जी! आपने कल देखा नहीं ? हमारे पड़ोसी के घर छापा पड़ा, आमदनी से ज्यादा खर्च था, कहाँ से पूरा करता बेचारा आदमी। घर वालों की फरमाइशें पूरी करने के लिए रिश्वत लेने लगा। फिर एक बार यह सिलसिला शुरू हुआ तो चलता ही गया। सारी इज्जत धूल में मिल गई सामान भी गया, ऊपर से जेल भी काटनी पड़ेगी।"

सास जी उसकी ओर देखती हुई बोलीं– "अरे बहू! तूने तो मेरी आँखें खोल दीं। अबकी छोटे के यहाँ गई थी। हाँ, छोटका इतना कमा रहा है पर

उसकी बहुरिया रोज किचकिच किए रहती है। पड़ोसनों के यहाँ कोई चीज आते ही वह छुटके की खोपड़ी खाने लगती है कि हमारे यहाँ भी आनी चाहिए।"

"छोटा भी बहुत परेशान रहता है, उसके यहाँ गई तो मुझे भी लगा कि हमने बड़ी गलती की जो दहेज के लालच में बिना पढ़ी–लिखी, नकचढ़ी लड़की ब्याह लाए। वह हरदम अपने मायके के धन वैभव का बखान करती रोती, खीझती, झल्लाया करती है कि मेरी तो तकदीर फूट गई। यहाँ तो पहले कुछ नहीं था, मेरे पिता के देने से घर भरा है।"

"बड़ा बुरा लगता है सुनकर, पर, 'दुधारी गाय की चार लात भी मंजूर' सोचकर चुप रह जाती हूँ।"

बहू बोली– "आप चिंता न करें माँ जी, मैं उसे समझाने की कोशिश करूँगी, उसे पढ़ने के लिए कहूँगी, पढ़ जाएगी तो अच्छी किताबें दूँगी उसका स्वभाव और उसकी सोच बदल जाएगी।"

सास चुप हो गई।

बहू ने मुस्करा कर कहा– "अब तो आप रुकेंगी न? आपकी आँखों का ऑपरेशन ठीक से हो जाए तभी जाने दूँगी आपको।"

सास ने बहू के माथे पर स्नेह से सहलाया और उसे आशीर्वाद देने लगी।

14. जनरल वार्ड

मरीजों की पुकार, कराहें, नर्सों की झिड़कियों, दाइयों की बड़बड़ाहट जनरल वार्ड की यही पहचान नेताजी के मन में बिम्ब बनकर उभर रही थी। प्राइवेट वार्ड में स्थान खाली नहीं था।

इमरजेंसी वार्ड में नेता जी को ग्लूकोज चढ़ाया जा रहा था।

डॉक्टरों ने विनम्र आग्रह किया– "महोदय ! आप जनरल वार्ड में एक दिन रह लें आप का विशेष ध्यान रखा जाएगा। कल तक प्राइवेट वार्ड खाली करा लिया जाएगा। आज हम मजबूर हैं।"

पर वे भिनभिनाते हुए बोले– "उस नरक में मेरी हालत सुधरने की बजाए और बिगड़ गई, तो कौन जिम्मेदार होगा?"

उन्होंने कार में बैठकर वापस अपने बंगले पर जाना अधिक सुविधाजनक समझा।

कौतूहल वश जनरल वार्ड के गेट पर जमा हो रहे लोगों में से एक का आश्चर्य भरा स्वर फूटा– "अरे ! यह मंत्री जी तो कल अस्पतालों की सुधरती दशा पर बड़ा जोरदार भाषण दे रहे थे और कह रहे थे कि अस्पतालों में अब स्वच्छता, तीमारदारी और सुविधाओं की दृष्टि से पर्याप्त सुधार हो चुका है। वे आज यहाँ और इस हाल में जनरल वार्ड से भाग रहे हैं? वाह, क्या ओजस्वी भाषण था ?"

15. फटी जेबें

ड्राइंग रूम उन्मुक्त कहकहों से गूँज रहा था।

एक से एक हास्य व्यंग के चुटकुले और प्रसंग छिड़ रहे थे। इस मित्र मंडली की यह बैठक बारी–बारी से सभी के घर पर जमती थी प्रत्येक महीने की पहली तारीख को।

इस बैठक में एक नए मित्र सदस्य पहली बार सम्मिलित हुए थे।

उन्हें बहुत आनंद आया। वे बोले–'बड़ी प्रसन्नता हुई आप लोगों से मिलकर। इतनी देर हँसने–हँसाने का आनंद जीवन के लिए बहुत उपयोगी है।

इतना सुनकर एक चुटकुला सुनाने वाले सज्जन उठते हुए बोले– "भाई! हम सब तो प्रसन्नता को एक दूसरे से खींचकर अपनी जेबें भरने को ही इक्ट्ठा होते हैं। पर हमारी जेबें घर पहुँचते–पहुँचते खाली हो जाती हैं, आप की जेब अभी न फ़टी हो तो बधाई।"

वह मित्र हक्के–बक्के से उन्हें देखने लगे थे।

फिर बोल उठे– "मित्र! फटी जेबें सिलने से खुशी जेबों में रुक जाएगी। पर खुशी तो जितना बिखेरो, बगराओ उतनी ही बढ़ती है। उसका जेबों से झड़ते रहना ही अच्छा है।"

सब लोग हँसते–हँसते उनकी बात सुनकर गंभीर हो गए। बात तो आपने पते की कही है। इसी खुशी में अगली बैठकी आपके घर पर होगी। कहकर लोगों ने फिर से ठहाके लगाए।

16. हत्यारा

बूढ़ी नसीमा प्रतीक्षा कर रही थी अपने पोते की।

आज वह स्कूल की छुट्टियाँ होने पर घर वापस आ रहा है।

एक महीने तक उसके दिन हँसी खुशी में बीत जाएँगे। पोते के लिए तरह–तरह के पकवान बनाने और उसकी मनुहारें पूरी करने में।

उसका बाप तो कभी घर में रहता ही नहीं। इधर चार महीने से पता नहीं कहाँ रहता है, रात को देर में आता है, दिन भर सोता है, शाम को फिर निकल जाता है। वह कुछ कहती है तो कभी जाने कैसी हँसी हँसता है तो कभी उसे झिड़क देता है– "तू तो कुछ समझती नहीं अम्मी ! तूने बहुत गरीबी झेली है। अब मैं तुझे बुढ़ापे में खूब आराम दूँगा। मैं खूब पैसे कमाऊँगा। तेरे पोते को खूब पढ़ाऊँगा, उसे डॉक्टर बनाऊँगा, उसके लिए पैसा चाहिए न ? अब मैं रात–दिन देखूँ कि जब और जहाँ कहीं काम मिले, काम करूँ।"

नसीमा निरुत्तर हो जाती पर कभी–कभी दबी जुबान से कह देती– "देख बेटा, तू मेहनत चाहे जितनी कर पर ऐसा–वैसा कोई काम न करना जिससे तेरे बाप के नाम को बट्टा लगे। वह गरीब तो था पर उसकी जुबान की इतनी कीमत थी कि लोग उसकी ज़मानत पर उधार लिया–दिया करते थे।"

माँ की बातें सुनकर वह हँस देता– "अम्मी ! तू तो पगली है। मेरे बाप को अपनी ईमानदारी का क्या इनाम मिला ? एक टूटा खंडहर और एक टूटी खटिया और आधा पेट रूखी रोटी यही न? जमाने के साथ बदलना चाहिए अम्मी ! पैसा बहुत बड़ी चीज है आज की दुनियाँ में ।"

सामने चाय की दुकान पर भीड़ थी। लोग अखबार में छपी खबर के बारे में बात कर रहे थे।

खबर छपी थी कि बस में बम विस्फोट हुआ, तीस लोग मर गए। बाकी सभी गंभीर हालत में घायल थे।

खबर सुनकर नसीमा का दिल दहल गया। हाय–हाय कैसे हत्यारे

लोग हैं ? क्या उन्हें खुदा के खौफ का जरा भी अन्दाज नहीं है?

अकरम चार दिन से घर से निकला है। उसे अभी पता नहीं है कि आज उसका बेटा घर आ रहा है।

बिना माँ के अपने बेटे पर वह जान छिड़कता है।

इतने में अकरम घर में घुसता है उसकी आँखें और चेहरा देखकर नसीमा डर जाती है।

क्या हुआ? कैसे पूछे? वह तो बिना बात के भी झल्लाता रहता है।

धीरे से कहती है "आज हनीफ घर आ रहा है बेटा। कल उसका खत मिला है।"

अकरम उसके सामने सिर पटक कर पछाड़ खाकर रो उठता है– "अब वह कभी नहीं आएगा अम्मी ! मैंने उसे मार डाला अम्मी ! मैं तमाम लोगों के साथ अपने बेटे का भी हत्यारा हूँ। बस में बम मैंने ही रखा था।"

नसीमा सन्न रह गई– "या खुदा।"

"पर हनीफ तो आज आने वाला था..."

"नहीं अम्मी ! उसका स्कूल एक दिन पहले ही बन्द हो गया था।"

नसीमा कटे वृक्ष सी अकरम के ऊपर गिर पड़ी।

17. वैभव

प्रतिवर्ष महालक्ष्मी की पूजा करती हुई माँ अपनी संतानों के लिए ऐश्वर्य, धन–लक्ष्मी की कामना करती थी। चार बेटे थे। चारों अपना–अपना कमा खा रहे थे। चारों के पास अपना मकान था, चारों बाल–बच्चे वाले थे। पर सबसे छोटा बहुत ही कर्मठ और अलमस्त था। वह अपने परिश्रम और व्यवहार बुद्धि से खूब कमा रहा था। वह अपना वैभव छिपाता नहीं था। जो भी प्राप्ति हो उसे खर्च करने और ठाट से रहने का वह शौकीन था। वह अपनी कमाई और लाभ माँ से तथा भाइयों से खुले मन से बता भी देता कि जिससे उन्हें खुशी हो। पर अन्य भाई भविष्य के लिए जोड़ने में अधिक विश्वास रखते थे। माँ तक से वे अपनी कमाई छिपाते थे। वे बराबर कहते कि हमें तो खाने भर को भी नहीं होता। हमारे बच्चों के शादी विवाह कैसे होंगे ? बच्चों की पढ़ाई–लिखाई पर भी वे खुलकर खर्च नहीं करते थे।

माँ सभी बेटों के यहाँ बारी–बारी से रहने जाती थीं। माँ की सहानुभूति हमेशा अपनी असमर्थ संतान के प्रति अधिक होती है इस मनोविज्ञान से वे परिचित थे। माँ को दिखाने के लिए वे जब तक माँ उनके पास रहे, न माँ को ढंग से खिलाएँ और न खुद खाएँ। किसी के पास कपड़ा न हो तो माँगने पर कहें कि कहाँ से आएगा ? माँ अपनी जमा पूँजी में से उनके बच्चों की फरमाइशें पूरी करती रहतीं। छोटा बेटा माँ को जो भी देता, उसे माँ उन तीनों के बच्चों पर खर्च कर आती थीं।

अब की बार माँ पूरे साल भर बाद छोटे बेटे के यहाँ आई थीं।

अब तक इसके पास कार आ चुकी थी। कमरे में कालीन बिछ गई थी। बेटे ने माँ को खुश करने के लिए घूम–घूमकर दिखाना शुरू किया। "माँ, यह देखो तुम्हारे लिए पूजा का कमरा बनवा दिया है। तुम्हारे ठाकुर जी के लिए कपड़े सिलवा दिए हैं। पूजा के लिए चाँदी के बरतन मँगा दिये हैं और..."

बेटा बोलता जा रहा था पर माँ की ओर से कोई उत्साह भरा स्वर न सुनकर उसने माँ की ओर देखा। उनके चेहरे पर उल्लास नहीं था। बेटे ने

माँ को पकड़ लिया और पूछा– माँ ! तुम खुश नहीं हुई ?

माँ के मुख से आह निकल गई– "बेटा ! मैं अकेली सुख सुविधा भोग कर कैसे रह पाऊँगी, मेरे और बच्चे तथा उनके बच्चों को ठीक से खाना और दूध भी नहीं मिल पाता।"

पुत्र अवाक् था। "क्या कह रही हो माँ ! अभी कल ही तो मैं बैंक गया था पैसा निकालने। बैंक का मैनेजर कह रहा था.... अच्छा छोड़ो।"

माँ– "नहीं, नहीं, बताओ न बेटा! रुक क्यों गए ?"

मैनेजर कह रहा था कि तुम्हारे तीनों भाई हर महीने रुपये जमा करने आते हैं। आज तक कभी निकाला नहीं और तुम महीने में दो बार पैसा निकालते हो। अब तुम्हारे खाते में केवल चार हजार रुपये बचे हैं। और माँ मैंने सुना है कि तीनों बड़े भइया शराब पर पैसा पानी की तरह बहाते हैं और तुम कह रही हो कि उन्हें खाने पहनने को नहीं है।

अब माँ के अवाक् होने की बारी थी, पर उसे पुत्र की बात पर विश्वास नहीं हो रहा था। यद्यपि वह जानती थी कि उसका यह बेटा कभी झूठ नहीं बोलता। और माँ को याद आया कि शाम को वे तीनों कभी सामने नहीं आते थे। कभी माँ अचानक उनके कमरे में गई तो उसे अजीब सी गंध का अनुभव होता था। माँ सब समझ गई। मन खिन्नता और ग्लानि से भर उठा।

माता महालक्ष्मी से लक्ष्मी की कामना करने वाली माँ आज प्रार्थना कर रही थी। ऐश्वर्य, लक्ष्मी के साथ मेरे पुत्रों को धन सही तरीके से खर्च करने का विवेक भी दो माँ!

माँ आत्मालोचन भी कर रही थी। बेटे का ऐश्वर्य देखकर खुश होने के बजाये मेरा मन भारी और खिन्न क्यों हो गया था ?

उधर बेटा सोच रहा था कि माँ की सहानुभूति पाने के लिए अपने को निरीह बनाना आवश्यक है क्या ?

18. भेद बुद्धि

माता वैष्णवी देवी मंदिर जाने के लिए भीड़ माता की जय–जयकार करते हुए जा रही थी।

"धरती बोले–जय माता की, अंबर बोले–जय माता की, पहाड़ बोले–जय माता की..."

इतने मे एक वृद्ध सज्जन ने जोर से आवाज लगाई– "बोल बम भोले, बम, बम भोले की।"

भीड़ की निगाहें उनकी ओर उठ गईं। यहाँ तो केवल माँ का जयकारा लगता है। यहाँ दूसरे किसी देवता का नाम लेना लोगों को अलग सा लगा।

इतने में वे सज्जन भजन गाने लगे जिसका भाव था कि – "मेरे भोले बाबा को अनाड़ी न समझो, उनके हाथ में डमरू है, उसे देखकर उन्हें मदारी न समझो, उनके हाथ का त्रिशूल देखकर उन्हें शिकारी न समझो, उनकी झोली को देखकर भिखारी न समझो, माथे का चन्द्रमा देखकर उन्हें खाली आकाश न समझो।"

पीछे से लोग भजन से ऊँची आवाज में फिर जय माता जी कहने लगे थे।

वृद्ध सज्जन मुस्कराए और जयकारे में शामिल हो गए।

उनके साथ चल रहे एक सज्जन ने पूछ ही लिया– "आप यहाँ भोले शंकर की जयकार और भजन क्यों गाने लगे? यहाँ तो सभी मातामय है।"

वृद्ध सज्जन के चेहरे पर अद्‌भुत आभा कौंध गई। "यह भेद बुद्धि ही तो अज्ञान है। माँ क्या केवल शक्ति है। वह तो शिव भी है, वह सर्व मंगला भी है। वह केवल माँ ही नहीं है, पिता भी है।"

वे यह बात कह ही रहे थे कि देखा एक अपंग लड़की ऊपर से दर्शन करके बैसाखियों के सहारे लौट रही है। और हर व्यक्ति उसके लिए रास्ता छोड़ रहा है।

उन्होंने झुककर जय माता जी कहकर उसे प्रणाम किया।

उनके साथी ने फिर जिज्ञासा भरी दृष्टि उनकी ओर उठाई तो वे बोल उठे– "तुमने शक्ति के दर्शन किए ? यही शक्ति है और जो तुम सभी ने उसके लिए राह छोड़ी वही शिव है। हम सब में शिव भी हैं और शक्ति भी। शिव में भी शक्ति है शक्ति में भी शिव हैं। राम भी शिव है, कृष्ण भी, देवी भी शिव हैं। संसार में जो कुछ शिव है, वह पूजनीय है, वंदनीय है।"

कहकर वे फिर जोर से बोल उठे– "जय शिव भोले की, जय माता की।"

लोगों ने दूने उत्साह के साथ दोनों जयकारों में भाग लिया।

19. दान–दक्षिणा

प्रायः सभी तीर्थयात्री कुछ दान दक्षिणा देकर अपना परलोक सुधारने का उपक्रम कर रहे थे।

एक सुधारवादी सज्जन ने कहा कि भिखारियों को दान देना एक प्रकार से राष्ट्रद्रोह है। भिक्षावृत्ति भारत के माथे पर लगा एक कलंक है।

उन्होंने निश्चय किया कि किसी गरीब मेहनतकश को भर पेट खाना खिलाऊँगा।

एक बूट पॉलिश करने वाला लड़का आकर सामने खड़ा हो गया– "बाबू जी – पालिश ?"

वे मुस्कराए– "हाँ हाँ, कर दो... कितना लोगे ?"

"एक रुपया साहब !"

"अरे एक रुपया तो ज्यादा है।"

"नहीं साहब ! एक रुपये में चाय भी नहीं मिलती, हम गरीब लोग क्या खायें, क्या बूढ़े माँ बाप को खिलायें ।''

अचानक उन्हें अपना तीर्थ यात्री संकल्प याद आया। पूछ बैठे– "अच्छा अभी तुम खाना खाओगे ?"

लड़के की आँखों से भी लगा कि लार टपक पड़ेगी। उसने सिर हिला दिया 'हाँ' में।

वे जूता पॉलिश कराकर उसे बगल के ढाबे पर ले गए। ढाबे वाले से बोले– "इस लड़के को जो–जो पसंद हो और जितना खाना चाहे खिला दो। पैसे मैं दूँगा।"

लड़के को रुपया मिल चुका था। ऊपर से इतनी कृपा। वह बेतहाशा खाद्य सामग्री की ओर अँगुली उठा–उठाकर माँगने लगा। दुकानदार सब तरह के खाद्य पदार्थ उसके सामने रखता गया। उसकी जाने कितने दिनों की सोई भूख जग आई थी। वह लगातार खाता गया।

अंत में दुकानदार का पैसा चुका कर वह सज्जन देवी दर्शन के लिए चले गए।

दूसरे दिन वह लौटे तो मार्ग में पड़ने वाले उसी ढाबे पर खुद भोजन करने की इच्छा से रुक गए। अपनी दान वृत्ति के प्रति प्रशंसा भरी दृष्टि की उम्मीद भी उन्हें यहाँ खींच लायी थी।

दुकान पर सन्नाटा था। बरतन माँजने वाला एक लड़का वहीं धूप में सो रहा था।

उसे जगा कर पूछा– "दुकान क्यों बन्द है आज ?"

वह बोला – "साहब ! कल एक बाबू साहब आया, एक पॉलिश वाले को फोकट में खाना खिलाया। वह इतना खाया, इतना खाया कि शाम को कालरा हो गया। वह लड़का मर गया। बाबू साहब पुलिस होटल के मालिक को पकड़ कर ले गई है।"

वे सज्जन यहाँ से चल पड़े और सिर को तौलिए से ढॉक कर जल्दी–जल्दी आगे बढ़ गए। कहीं कोई पहचान न ले। कहीं किसी झंझट में न पड़ जाऊँ। सरकारी नौकरी है।

उनका मन प्रश्नों के घेरे में फँसा था। पुण्य भी पाप कैसे हो गया देवी माँ ?

20. सड़क पर उगते बच्चे

सड़क के किनारे किसी कोठी के पिछवाड़े के बरामदे में गृहस्थी जमाते हुए एक दम्पत्ति को मैं पिछले तीन वर्ष से देख रही थी। रोज आते जाते देखती कि उसकी रसोई का पानी सड़क को नाली के रूप में इस्तेमाल करता था। उसके चूल्हे की आँच पर पकते भोजन की गंध रोज आने जाने वालों के नासारंध्र भर देती थी। वह बड़ी तन्मयता से मोटी–मोटी रोटियाँ करारी–करारी सेंककर अपने परिवार को सार्वजनिक स्थल पर खिलाते हुए कहीं से भी संकुचित या कुण्ठित नहीं लगती थी।

हर साल उसकी गोद में एक नन्हा बच्चा आ जाता था। कब वह गर्भवती थी, कब अस्पताल गई पता ही नहीं चल पाता था। कितना सहज था उसके लिए संतान को जन्म देना और अपनी गृहस्थी को भी चलाना। उसके बच्चे वहीं सड़क पर खेलते, रोते, मार–पीट करते पल रहे थे।

कई बार आते–जाते मैंने बच्चों के झगड़े छुड़ाए थे। बदले में आते–जाते उन बच्चों की मुस्कान भरी नमस्ते और उनकी माँ की सलज्ज हँसी मुझे मिलती तो मन को अच्छा लगता।

एक दिन पाँच बच्चों की वह माँ अपने पति से झगड़ रही थी– "तुम सिनेमा देखने गए थे न, यह टिकट तुम्हारी जेब में मिला है।"

मैं उधर से निकल रही थी मुझे इस नोंक–झोंक में भी एक परिवार का अपने परिवार से गहरा जुड़ाव महसूस हुआ। मुझे लगा कि उस झगड़े को सुलझाना चाहिए। मैंने टिकट लेकर देखा और बताया कि बस का ही टिकट है। पति ने राहत की साँस ली। पत्नी लज्जा से खिसिया कर बोली–

"दीदी जी ! ये बहुत देर करके घर आए थे और कह रहे थे कि इनका नोट कहीं गिर गया। ऊपर से यह टिकट मिला तो मुझे शक हुआ।"

यह घटना ऊपर से देखने पर बहुत मामूली है पर मेरे मन में कई प्रश्न छोड़ गई है। परिवार नियोजन, साक्षरता अभियान, परिवार के प्रति जुड़ाव, गृहणी की चिंता, पुरुष के दायित्व आदि के साथ सड़को पर नित्य उग रहे बच्चों का भविष्य?

21. कर्ज

मुझे मत मारो, मत मारो कहता हुआ वह अपने हाथों से प्रहार झेल रहा था।

तभी लोगों की भीड़ जुट आई। मारने वाले के हाथ रुक गए थे और अब वह फल के ठेले वाले से कह रहा था–

"तुमने मेरे नौकर को बहकाया"

वह स्वयं मेरे पास आया था। अपने पास रख लिया। वह भूखा था आते ही मुसम्मी के रस निकालने के बाद गिरने वाले गूदे को माँगा था खाने के लिए। मुझे दया आई मैंने मुसम्मी का रस थोड़ा सा दे दिया। पीकर उसकी आँख खुल गई। तब से वह मेरे पास काम कर रहा है। नौकर को भूखा रखोगे तो जहाँ उसका पेट भरेगा वहीं जाएगा ही।''

"वाह रे दानी हरिश्चन्द्र !"

"एक तो मेरा नौकर भगाकर रख लिया, ऊपर से हमें बदनाम भी करता है। इतनी ही हमदर्दी है तो ला दे एक हजार रुपये जो इसके बाप ने मुझसे कर्ज ले रखा है। वह तो मर गया। इसकी माँ भाग गई किसी और के साथ..."

लड़का रोते–रोते चीख उठा–

"नहीं मेरी माँ तो मेरे मामा के पास गई है पैसे लाने के लिए। इसने मुझे रोक लिया है। मेरी माँ आएगी पैसे लेकर दीवाली में।"

फल वाला चुप हो गया था और उस लड़के के आँसू अपने गमछे में पोंछने लगा था। उसे याद आ रहे थे अपने दोनों बेटे जिन्हें वह उनकी माँ के साथ गाँव छोड़ आया था।

बड़े बेटे को पास के कस्बे में हलवाई की दुकान पर काम पर लगा आया था। छोटा गाँव के ठाकुर की भैंस चराता था। उसके ऊपर भी ढाई हजार का कर्ज था जो बड़ी लड़की की शादी में उसे लेना पड़ा था। डेढ़ हजार रुपया हलवाई से लिया था और एक हजार ठाकुर साहब से। दोनों

बेटे पचास–पचास रुपये महीने के वेतन से वही कर्ज चुका रहे थे।

फल वाले का मन ग्लानि से भर उठा। अभी तक वह कुल बारह सौ रुपये बचा पाया था।

अब की दीवाली में घर जाकर दोनों बेटों के लिए कर्ज मुक्ति का प्रयास वह जी जान से कर रहा था।

उसका हृदय काँप उठा। क्या मेरे वीरू, धीरू को भी इसी तरह...?

आगे वह सोच नहीं सका... उसने बच्चे को कसकर भींच लिया।

लाल पीले हो रहे उस आदमी का हाथ पकड़ कर वह बोला– "कल इसी समय आकर अपना हिसाब ले जाना।"

बच्चा और जोर से फ़फ़क कर रो पड़ा।

फल वाले घीसू को लगा कि उसके दोनों बेटे हाथ उठाकर रोते हुए उसे बुला रहे हैं– "बाबू जल्दी आओ।"

उसने अपने कान बंद कर लिए।

22. कूड़ा

विनायक को यही कष्ट था कि उसके मालिक हर समय उसे टोका करते थे। यह चीज यहाँ क्यों है ? वहाँ से क्यों हटी ? नहीं हटी तो कहते कि तुम देख नहीं सकते, हटा नहीं सकते ? वह सुबह से शाम तक झिड़कियाँ सुनते–सुनते तंग आ चुका था। उसकी सारी कोशिशें बेकार हो गईं कि उसके मालिक खुश रहें। और इसका परिणाम यह निकला कि वह विद्रोही हो गया। अब उसे जो कहा जाता वह उसका उल्टा ही करता था।

ऐसा लगने लगा कि उसे जिस दिन कोई डाँटता नहीं उस दिन उसे सूना लगता है । वह अब स्वयं सबसे कहता है, मैं बेहया सम्राट हूँ। मुझे डाँटो, मारो कोई असर नहीं पड़ेगा मुझ पर। काम में लापरवाही धीरे–धीरे शरारत में बदलने लगी और फिर धृष्टता में। अब किसी मेहमान के आ जाने पर कुछ न कुछ हरकतें वह ऐसी करता कि मुझे कोई कुछ कहे या मेहमानों का ध्यान उसकी ओर आकृष्ट हो। उसे इसमें अब आनंद मिलने लगा।

अभी तक मालकिन का दुलार उसे भाता था जिसका वह कायल था। खासा झिड़कियों के बावजूद भी वह इस घर से नहीं जा रहा था। वैसे मालिक–मालकिन उसके प्रति आर्थिक दृष्टि से भी उदार थे। किन्तु अब विनायक को मालकिन को खिझाने मे आनंद मिलने लगा। उनकी सिधाई और वात्सल्य को वह उनकी कमजोरी मानने लगा था। उनके आदेशों की अवहेलना, उल्टा सीधा उत्तर देना भी अब उसकी दैनिक दिनचर्या बनती जा रही थी। उसको चोरी की भी आदत पड़ गई, धूम्रपान भी करने लगा। झूठ तो अनावश्यक रूप से बोलने ही लगा था।

एक दिन उसकी मालकिन माँ का धैर्य जवाब दे गया और उन्होंने उसे थप्पड़ मार दिया। विनायक ने इस बात की सपने में भी कल्पना नहीं थी कि माँ जी को भी गुस्सा आ सकता है। वह उस घर से भाग गया।

कई वर्ष बीत गए मालकिन माँ को उसकी बचकानी हरकतें और उसकी बातें याद आतीं तो उनका मन भर आता। जाने कहाँ किस हालत मे

होगा? यह सोचकर मन चिंतित हो उठता था और एक अपराध बोध से वे कुण्ठित हो जातीं। बिना माँ बाप का बेसहारा लड़का जाने कहाँ गया होगा।

पाँच वर्षों का अंतराल बीत गया। उनका स्थानांतरण दूसरे शहर मे हो गया था। अभी तक सामान बंद था। इसलिए भोजन आदि बनाने की व्यवस्था नहीं हो सकती थी। पति–पत्नी भोजन करने के लिए नए शहर के एक ढाबे पर पहुँचे।

वहाँ पुलिस का एक सिपाही एक लड़के को मार–मारकर पूछ रहा था– "बोल रुपये किसे ले जाकर दिया।" दूसरे सिपाही से ढाबे वाला बता रहा था कि इसी दराज में दस–दस रुपये के सौ नोटों की गड्डी रखी थी। जरा सी देर के लिए बाथरूम गया था। इस नौकर के सिवा और कोई नहीं था यहाँ।

मार खाकर लड़का चीखा अरे अम्मा रे!

सरिता को लगा यह आवाज तो मेरी पहचानी हुई है, भीड़ में उचक कर देखा, हाँ वही था उनका नौकर 'विनायक' जो छः साल की उमर से उनके पास रह रहा था। वह भीड़ को हटाते हुए वहाँ पहुँच गईं और जोर से बोली– "बंद करिये यह पिटाई?"

सिपाही एक भद्र महिला को हस्तक्षेप करते देख रुक गया था।

विनायक ने आँखें ऊपर उठाई और भरभराकर अम्मा कहते हुए उनके पैरों से लिपट गया। बिल्कुल वही जकड़न जो बचपन से उनके पैरों को जकड़ती आई थी।

उन्होंने सौ–सौ रुपये के दस नोट ढाबे वाले की ओर बढ़ाये और विनायक का हाथ पकड़कर उठाया। उसके पति अवाक् थे। जाने क्यों आज उनका साहस नहीं हुआ कि पत्नी का विरोध करें।

विनायक अब बूढ़ा हो गया है और अभी भी सरिता के पास है। उसकी पत्नी और दो बेटे भी सरिता को बहू पोतों का सुख दे रहे हैं। सरिता के अपने बहू बेटे विदेश मे हैं।

सरिता के बीमार वृद्ध पति की इस परिवार ने इतनी सेवा की कि सरिता स्वयं को उनकी ऋणी समझती है। एक सहस्र रुपये देकर उसने अथाह खज़ाना खरीद लिया था। अब विनायक के पोते पोतियाँ खेल–खेल में घर में कूड़ा फैला देते हैं पर मालिक बोलते नहीं। उल्टे विनायक ही डाँटता है– "कूड़ा इधर–उधर मत डालो। साहब नाराज होंगे।"

23. आहों तले

आहें भरना भी कई तरह का होता है। एक आह होती है जो दूसरों का दुःख देखकर सहानुभूति में भरी जाती है। एक आह होती है दूसरों का सुख देखकर अपने अभावों की कचोट से भरी जाती है। एक आह तृप्ति की और राहत की भी होती है। एक आह होती है अकुलाहट की। कई–कई रंग हैं आहों के।

पर आहें तब भी निकलती है जब किसी की आहों से लाभ उठाते हुए किसी को देख लिया जाए।

एक प्राइवेट विद्यालय की प्रधानाचार्या से काफी समय से संपर्क था। संपर्क ही कहूँगी, मित्रता नहीं। उनके यहाँ छोटे बच्चों के छात्रावास के लिए दाई की आवश्यकता थी। पिछली दाई उनके व्यवहार से दुःखी होकर जा चुकी थी। अभिभावक उन पर आक्षेप लगा रहे थे कि बच्चों की देखभाल ठीक से नहीं हो रही है। वे परेशान थीं। मुझसे कई बार कहा था कि आपको कोई काम की इच्छुक स्त्री मिले तो भेजियेगा। मैने वेतन पूछा। उन्होने कहा था साठ रुपये महीने पहले वाली लेती थी और खाना खाती थी मेस में। हॉस्टल में चौबीस घंटे रहना पड़ेगा।

संयोग से कुछ दिन बाद ही एक विधवा स्त्री से मेरी भेंट हुई। उसके पति की अकाल मृत्यु हो गई थी सर्पदंश से। गोद के छोटे तीन वर्षीय बच्चे के साथ उसे किराये का मकान खाली करने को विवश होना पड़ रहा था। मुझे याद आया प्रधानाचार्या का अनुरोध और मन को राहत सी महसूस हुई।

इसकी आवास भोजन की समस्या तो सुलझेगी ही ऊपर से 60 रुपये महीने उसको अतिरिक्त खर्च के लिए मिल जायेंगे।

मैं उसे लेकर वहाँ पहुँच गई।

वे कुर्सी पर विराजमान थीं। इस समय उनके मुख पर प्रधानाचार्या का मुखौटा चढ़ा हुआ था। उन्होने गंभीरता पूर्वक उसकी करुण कहानी सुनकर कहा–

तुम्हारे पास छोटा बच्चा है। उसे रखना हमारे लिए संभव नहीं। वह गिड़गिड़ाकर बोली– "बहन जी, बच्चे को लेकर मैं बाहर बरामदे में पड़ी रहूँगी। आप 60 रुपये की बजाय 30 रुपये ही दीजिए पर हमें सहारा दे दीजिए।"

उन्होंने उसे बाहर बैठने को कहा। वह चली गई तो मुझसे बड़े ही रहस्य भरे स्वर में बोलीं– "सुन रही हूँ कि इस साल बाढ़ ने नौकरों नौकरानियों की भी बाढ़ भेज दी है। 15 रुपया महीना और खाने पर मिल रही है नौकरानियाँ। इसे 10,15 दिन इंतजार करने को कहिए। यदि कोई तुक्का न बैठा तो 30 रुपया पर इसे रख लूँगी। सुनकर मन कितना क्षुब्ध हो उठा, उसे कह पाना कठिन है।

जब प्रकृति के प्रकोप किसी पर वज्र बनकर टूटते हैं उस समय भी लोगों को किस प्रकार केवल अपने छुद्र लाभ की चिंता रहती है और इसी संदर्भ में मुझे याद हो आई अपने गाँव की एक घटना। बढ़ी हुई नदी को दीप दान करने और बाढ़ का दृश्य देखने के लिए कुछ ललनाओं का झुंड नदी पर गया था। नदी में बहकर आ रही थी एक नाव जिसको पकड़ने के लिए उनमें होड़ लग गई थी। एक तेज तर्रार लड़की ने अपनी तैराकी का कुशल परिचय देते हुए नाव पर कब्जा कर लिया। उसमें रखे थे दो बड़े कटहल, हल्दी ऐपन का सकोरा, सिंदूर का सिंहोरा, काँच की लाल चूड़ियाँ और रेशमी चादर जो विवाह के समय वधू को ओढ़ाई जाती है और सब सामग्रियों की संगति तो समझ में आ रही थी पर कटहल की विसंगति देखकर उस परिवार की दुरावस्था का चित्र आँखों में सजीव हो उठा। उस प्रलय क्षण में जितना सामान बच सके जैसे भी बचाने की और सर्वाधिक तो पशु–प्राणी की सुरक्षा की ओर ध्यान जाता है। जाने किस सौभाग्याकांक्षिणी के सुहाग के प्रतीक पानी में बह गए थे कौन जाने? उसके सौभाग्य और उसका क्या हुआ होगा? और इस नाव के सामान के लिए यहाँ बँटवारा हो रहा था।

"अकेले दोनों कटहल क्या करेगी चन्दो। सबको बँटवा देना। बरसात का दिन है अचार भी तो नहीं डाल पाएगी।"

रेशमी चादर की ओर चन्दो की बड़ी भौजाई ललचाई नजरों से देख रही थी। "चन्दो ये पिछौरी तो मुझे दे दे, मेरी पिछौरी में पैबंद लग गया है कहीं आने जाने लायक नहीं रह गई है। और पिछौरी का तुम करोगी भी क्या? तुम्हारा ब्याह जब होगा तब तक तो रखे–रखे यह पुरानी पड़ जाएगी।"

चन्दो ने धृष्टता पूर्वक मुस्कुराकर कहा– "भाभी! नागपंचमी के दिन तुम्हीं से माँगा था हरी वाली साड़ी और तुम्हीं ने बहाने बनाए थे।"

सिंदूर पात्र से चन्दो की छोटी भतीजी खेलने लगी थी। ढक्कन खुल गया और सिन्दूर नदी किनारे गिर गया। नदी के जल के तीव्र थपेड़ों ने भी उस सुहाग सिंदूर को सहेजकर बचा दिया था पर मानव के हाथ दूसरों के सुख को इतना कैसे सहेज पाते?

उसी दिन रात को गाँव के एक व्यक्ति को कुछ लोगों ने अँधेरा होने के बाद अपनी धोती में बाँधकर एक छोटा संदूक नदी की ओर से लाते देखा था और कुछ दिन बाद ही उनके दरवाजे पर बैलों की जोड़ी और भैंस बँध गई थी। उनकी छप्पर की मड़ैया खपरैल वाली दो खण्ड की बखरी वाले मकान में बदल गई थी। जाने किस की आहें उनके लिए वरदान हो गईं थी। गाँव में लोग कहते थे। "केहू के काल केहू कै लाल"

(किसी का काल किसी के लिए लाल बन गया।)

बाढ़ पीड़ितों, सूखा पीड़ितों को सहायता के नाम पर सरकारी धन का कितना सही उपयोग हो पाता है, इसका कहीं कोई लेखा जोखा नहीं। कितने लोगों को रोजी रोटी बाँटने की रोजी लग जाती है। और कितने लाभ उठाने वाले और भी घोर प्रलय की कामना करते हैं मन ही मन, इसको भी खुलकर कहा नहीं जा सकता। और यही प्रश्न अनुत्तरित होता रहता है कि क्या मानव की स्वाभाविक प्रवृत्ति केवल स्वार्थ रह गई है ? क्या हमारी सहज संवेदना हमें छोड़ गई ? मानव का मानव से अंतरंग संबंध छूट गया। क्या हम आज इसलिए जी रहे हैं कि हमें अपने लिए जीना है? और इन सारे प्रश्नों का उत्तर कहीं नहीं मिलता। एक आह बस फूट पड़ती है उन आहों के नाम जो वायुमण्डल में सतत् धूम रही है। जिनके चलते कोई सुख पा रहा है कोई विकल है। कबीर तो कह गए–

"दुर्बल को न सताइए जाकी मोटी हाय।
मुई खाल की साँस से सार भसम होई जाए।।"

पर आज तो मुई खाल की तो बात ही छोड़ दे जिंदा खालों की आहों की भी आँच ठंडी हो गई है।

24. माँ की सेवा

माँ दर्द से कराह रही थी।

बेटे ने कहा– "चुपचाप सो जाओ, क्यों नींद हराम करती हो ?"

बहू ने कहा– "दिन भर काम से चैन नहीं, रात भर इनकी चीख पुकार से चैन नहीं।"

बेटी ने कहा– "भाभी तुम्हारा कलेजा कैसा है?

माँ दर्द से कराहें भी नहीं ?"

बहू बोली– "बीबी जी ! तो ले जाइए आप ही सर आँखों पर बिठाइए माँ को।"

"इतने दिनों से बीमार थी, देखने तक तो आई नहीं। हमें उपदेश दे रही है।"

"आपने अपनी सास जी की कितनी सेवा की थी ? क्या मुझे नहीं मालूम ?"

ननद भाभी लड़ने लगीं।

माँ की कराह बंद हो गई थी।

वह अपना हृदय दबाये जा रही थी। थोड़ी देर के बाद दोनों को लड़ने से फुरसत मिली।

बेटी ने माँ को सोया देख राहत की साँस ली।

कुछ और समय बीता बहू को कुछ संदेह हुआ।

इतनी देर तक माता जी बिना कराहे चुप नहीं रहती थीं।

वह पास गई।

माँ की खुली आँखों में शून्य टँगा था।

वह सभी पीड़ाओं से मुक्त हो चुकी थीं।

बेटा–बेटी और बहू के साथ पूरा परिवार उनके विछोह में चीत्कार करने लगा था।

25. पड़ोसी

सुनंदा की आँखें सावन–भादों बनी हुई थीं। आज राधा जी दूसरे शहर में जा रही थीं क्योकि उनके बेटे का स्थानांतरण बड़ौदा हो गया था।

राधा जी, सुनंदा की कुछ नहीं लगती थी पर मातृ बिछोह में दुखी सुनंदा ने उनमें अपनी खोई हुई माँ को पा लिया था।

राधा की अपनी बेटी नहीं थी, उन्होंने सुनंदा के रूप में बेटी पाई थी।

आमने–सामने फ्लैट था।

घर के काम में राधाजी दिनभर खटती रहती थीं। पोते को दिन भर सँभालती थीं। बहू और बेटा दोनों सरकारी अस्पताल में डॉक्टर थे और ड्यूटी के अतिरिक्त सेमिनार आदि में भी उनकी सक्रिय भागीदारी आए दिन रहती थी।

राधा जी पर घर की सारी जिम्मेदारी थी। बहू–बेटे–पोते का समय पर टिफिन तैयार करना, पोते को स्कूल भेजना फिर वापस लाना, महरी से काम कराना, साथ ही घर की चौकीदारी भी।

सुनंदा ने एक दोपहर में राधा जी के दरवाजे की घंटी संकोच करते–करते दबा दी थी।

उसे संकोच था कि आराम का समय है कहीं सो न रहीं हो। पर जब द्वार खुला तो देखा राधा जी पोते को खाना खिलाने के लिए परेशान हो रही थीं। वह उन्हें घर भर में दौड़ा रहा था।

सुनंदा ने उनकी मदद की। तब से रोज दोनों एक दूसरे की अभिन्न हो गई थीं। एक–दूसरे की नींद सोने–जागने लगी थीं।

राधा जी के घुटनों का दर्द सुनंदा की मालिश से छूमंतर हो जाता था।

सुनंदा का सिर दर्द राधा जी की अँगुलियों के स्पर्श से दूर हो जाता।

दोनों को अपनी बनाई सब्जी का स्वाद नहीं रुचता था। एक–दूसरे का बनाया खाना चटखारे ले लेकर खाती थीं।

साल भर में ही दोनों भूल गई थीं कि वे कभी अलग भी हो सकती

हैं। एक–दूसरे के बिना वे कैसे रह पाएँगी? सोच कर अब दोनों दुखी थीं।

अगले सप्ताह सुनंदा के बेटे का जन्मदिन था। सुनंदा और राधाजी ने कितनी योजनाएँ बनाई थीं कि जन्मदिन में क्या–क्या भोजन बनेगा? कैसे घर सजेगा। खूब गाना बजाना होगा।

सुनंदा की उदासी देखकर राधा ने कहा– "मैं बेटे से बात करुँगी कि एक सप्ताह तक मुझे तुम्हारे घर छोड़ दें।"

शाम को राधाजी के पुत्र–पुत्रवधू आए। बच्चे को प्यार–दुलार किया। फिर चाय के लिए बैठ गए। राधाजी ने सुनंदा की मदद से आज बेसन के चिल्ले बनाए थे। बच्चों को बहुत पसंद हैं। बेटा तारीफ करके खा रहा था।

माँ ने सोचा कि यह मौका अच्छा है। वह बोली– "बेटे! सुनंदा के बेटे का पहला जन्मदिन है। वह चाहती है कि एक सप्ताह मैं उसके पास रुक जाऊँ, वह किसी के साथ मुझे भेज देगी।"

बेटा कुछ बोले उसके पहले ही बहू बोल उठी– "माँ जी! हम लोगों को ड्यूटी जाना होगा। विक्की को कौन देखेगा? और रही बात आपके रुकने की तो यह क्या कहें? आप स्वयं निर्णय करिए कि आपके लिए क्या जरुरी है? अपने पोते की देखभाल या पड़ोसी के बच्चे का जन्मदिन।"

राधा जी अवाक् बैठी रह गईं। उनका मन 'अपने' और 'पड़ोसी' शब्द का अर्थ खोज रहा था।

26. मजहब

जुबेदा को उसके शौहर शाकिर के दोस्त की बीबी नसीमा ने जो खबर दी उसे सुनकर उसका खून खौल उठा। वह पूरे दिन से थी। क्रोध से बेहाल वह बिस्तर पर गिर पड़ी और उसे दर्द शुरू हो गया था।

नसीमा ने बताया था– "मैं मायके गई थी तो मेरे शौहर से तुम्हारी बीमारी और अपनी बेकारी की बात बताकर शाकिर एक हजार रुपया और बरतन तथा कम्बल आदि माँग लाया था। मैं आई तो पता चला।"

"फिर मेरी मौसी ने बताया कि शाकिर तो मेरे मोहल्ले मे किराये का मकान लेकर एक औरत के साथ रह रहा है।"

"मैं वहाँ गई तो मकान मालिक ने बताया कि उसने किराया नहीं दिया तो मैंने अपना ताला बंद कर दिया है।"

चार बच्चों का बाप, बीबी की पाँचवीं जचगी के मौके पर घर से गायब था।

जुबेदा के पास फूटी कौड़ी भी नहीं थी। नसीमा उसकी चीखें सुनकर बाहर भागी और पड़ोसी के दरवाजे पर आवाज दी।

उसकी बात सुनकर पंडिताइन काकी बगल की पड़ोसिन को खबर देकर भीतर आ गई थीं।

भला हो पड़ोसियों का कि सबने मिलजुल कर उसे सरकारी अस्पताल पहुँचाया, अस्पताल में उसकी और घर पर उसके बच्चों की देखभाल की।

तीसरे दिन गोद में एक नया नन्हा शिशु लेकर जुबेदा घर आई तो किसी ने अपने घर से चाय भेजी, किसी ने खाना।

जाड़े के दिन थे घर की एक शॉल और कम्बल भी शाकिर उठा ले गया था यह कहकर कि रात की ड्यूटी है। तब से वह घर नहीं लौटा था। पड़ोसियों ने उसके लिए ओढ़ने–बिछाने का सामान भेज दिया था।

जिन पड़ोसियों को वह दूसरे मजहब का कहकर उनसे दूर रहने की हिदायत देता रहता था, वही लोग आज काम आए थे।

जुबेदा को अपने पर भी क्रोध आ रहा था कि वह इतनी बेवकूफ कैसे बन गई? शाकिर सामने पड़े तो वह उसका तो मुँह नोच ले।

नसीमा तब से बराबर उसके साथ थी, वह भी अपने शौहर से नाराज थी कि उसकी बेवकूफी की वजह से उसका सामान और पैसा चला गया था। नसीमा और जुबेदा ने शाकिर को सबक सिखाने के लिए फैसला लिया।

वे उस घर में गईं जिसे शाकिर ने किराये पर लिया था।

मकान मालिक ने दोनों की मदद करने का वादा किया।

उनके पास शाकिर के पहचान पत्र, ड्राइविंग लाइसेंस की फोटो कापी थी। उसे लेकर पुलिस में रिपोर्ट दर्ज कराई गई।

पुलिस ने उसे ड्यूटी पर जाकर दबोचना चाहा तो पता लगा कि वह कई दिनों से गायब है। वह एक सरकारी विभाग में दैनिक वेतन पर ड्राइवर था।

मकान मालिक के प्रयासों से पुलिस के हाथ वह पड़ ही गया और उसे सजा भी हुई।

उसकी प्रेमिका फूट–फूटकर रो रही थी– "इस आदमी ने मुझे झाँसा देकर अपने शौहर से अलग कराया था। मुझे नहीं मालूम था कि यह शादीशुदा है। मैं तो कहीं की नहीं रही। जुबेदा बहन! मुझे माफ कर दो।"

जुबेदा से पूछा गया कि क्या तुम अपने शौहर को छुड़ाने के लिए वकील करना चाहोगी?

जुबेदा का उत्तर था– "न मेरे पास वकील को देने के लिए फीस है और न ऐसे शौहर के साथ रहने का शौक। मैं अपने बच्चों को मेहनत मजदूरी करके पाल लूँगी। मुझे अपने पड़ोसियों पर ऐतबार है। मेरा मजहब आज से केवल माँ का मजहब है।"

27. आह

अनीता के पति निर्मल जी उसे समझा रहे थे, "क्यों मन को दुःखी करती हो?"

पर आज अनीता का मन विद्रोह कर उठा था– "तुम्हीं तो कहते थे कि अपने भाइयों के बच्चे अपने हैं।"

"पर आज छोटी देवरानी ने अपना बच्चा तुम्हारी गोद से छीन लिया तो मेरा कलेजा मुँह को आ गया।"

"मैं तो ''बाँझ'' शब्द का कलंक ढोती रही। पर तुम्हें कोई निरवंशी कहे तो मैं नहीं सह पाती।"

"क्या नहीं किया आपने इस परिवार के लिए। पिता के स्थान पर पिता की छाँह दी। और आपके लिए ही ताना ? आपके लिए अविश्वास ?"

निर्मल जी बोले – इन शब्दों की चोट मुझे भी लगती है। पर मैं अपना सारा दुःख ईश्वर को अर्पित कर देता हूँ। वही ये तीखे शब्द व्यवहार निःस्पृह भाव से ले लेते हैं। मैं हल्का हो जाता हूँ।"

"तुम भी ऐसा ही करके देखो।"

अनीता का मन पति के प्रति और अधिक श्रद्धा और ममत्व से भर उठा। लगा ईश्वर ने ही निर्मल जी के माध्यम से उसके आँसू पोंछ दिए हैं।

"पर निर्मल जी के आँसू तो दिखते नहीं। उसे मैं कैसे पोछूँ ?"

उसके मुँह से एक आह निकल गई जो बहुत देर से उसके भीतर घुमड़ रही थी।

उसने वह आह ईश्वर को अर्पित करते हुए कहा– "प्रभु! मेरी आह किसी का अनिष्ट न करे। उन सबको क्षमा कर देना।"

28. क्यों?

अनिरुद्ध बाबू अपनी अनुशासनप्रियता के लिए प्रसिद्ध भी थे और बदनाम भी।

आते–जाते रास्ते में अपरिचित व्यक्ति भी कोई नियम तोड़ता हुआ दिखे तो उसे फटकार लगा देते थे।

उनकी बातें कभी मीठी होती थी पर कभी हठ पकड़ने पर तीखी भी।

कुछ लोग भौचक्के हो जाते, कुछ बुरा मान जाते और कुछ हँसकर माफी माँग लेते।

मजाल नहीं थी कि कोई चूँ करें, क्यों कि उस टोकने में दम था।

जीवन एक नियम संयम की व्यवस्था है, उससे जुड़े रहने की शिक्षा अपने आचरण से वे देना चाहते थे।

वह अध्यापक थे और अपना दायित्व समझते थे कि समाज को दिशा दें।

नित्य प्रातः भ्रमण करने वाले मित्र को उनके न आने पर चिंता हुई।

वह उनके घर पहुँचे तो देखा वह मायूस से सूर्योदय के बाद भी विस्तर पर पड़े हैं।

उन्हें हैरानी हुई।

मास्टर साहब ! क्या शरीर ठीक नहीं है। वह बोले– "नहीं, मन ठीक नहीं है।"

क्यों? क्या हुआ?

इसी 'क्यों' की ही तलाश है। मुझे लगता था कि मैं समाज को दिशा दे सकता हूँ अपने आचरण से, शिक्षा से, पर मैं अपने घर को ही दिशा नहीं दे सका। मैं बहुत असफल अध्यापक ही नहीं असफल व्यक्ति भी हूँ मेरा अहंकार गल गया। मेरे ही घर से सारे संयम–नियम विदा ले चुके है। मेरे जीवित रहते ही। ऐसा क्यों हुआ? कहकर वे रो पड़े ।

29. अकिंचन

कामता बाबू का मन आज स्थिर हो गया था। अपने परिवार का स्वार्थपूर्ण व्यवहार उन्हे निरंतर सालता रहता था।

जीवन भर अपने सुखों का त्याग करके जिनके लिए उन्होने मकान बनाया था। उस मकान में सुख–सुविधाएँ जुटाई थीं। बैंक में कुछ पूँजी जमा की। उन्हीं लोगों के व्यवहार से खिन्न पत्नी मानसिक यातना झेलते–झेलते हृदय रोगी हो गई थीं।

कामता बाबू अन्नपूर्णा को समझाते रहे– "यही संसार है, दुःख न करो।"

पर उस के मन ने घर परिवार को लेकर बहुत सारे सपने सँजोये थे। उन सपनों के टूटने से उसके हृदय में ऐसी आह समा गई जो उसे असमय उठा ले गई।

कामता बाबू अकेले शून्य की ओर देखते रह गए।

वह धर्म–परायण व्यक्ति इतना अकिंचन हो जाएगा किसी ने सोचा भी नहीं था।

पत्नी को गीता का मर्म समझाने वाले कामता बाबू इतना अधीर हो उठेंगे कौन जानता था ?

तेरहवीं के बाद एकांत में बैठे कामता बाबू को अचानक जैसे प्रकाश मिल गया।

मैं किसके लिए दुःखी हूँ? जो चली गई? वह तो जाकर मुझमें और गहरे समा गई। उसकी यादगार ही तो थाती है। उसे सदा बनाए रखने के लिए मुझे कुछ करना चाहिए।

दूसरे दिन उन्होने एक ऐसा आश्रम बनवाने का संकल्प ले लिया जो बेसहारा लोगों को सहायता करे।

उनके जीवन को एक लक्ष्य मिल गया।

अपनी तपस्या से कमायी हुई सम्पत्ति इस पवित्र काम में लगाने का संकल्प लेकर उन्हे संतोष हुआ।

उन्होने अपनी स्वर्गीया पत्नी की आत्मा की दुःखती रग को सहलाने का यह प्रयत्न किया था।

लोग आकर कह रहे थे–

"कामताबाबू ! आपके बच्चे अपना सुख वैभव इतनी आसानी से नहीं जानें देंगे। वे आपको दुःख पहुँचायेंगे।"

पर उनके चेहरे पर शांति थी।

वह बोले– "इतना सुख–वैभव पाकर ही कौन सा सुख दे रहे हैं? सामान्य शिष्टाचार भी तो नहीं निभाते वे।

सब कुछ होते हुए भी मैं अकिंचन सा दुःखी था।

अब अकिंचन हूँ पर दुःखी नहीं।

30. मातृ–ऋण

माँ बीमार है सुनकर भी बेटे ने न फोन किया न आया तो माँ को बीमारी से अधिक पीड़ा इसी बात की हुई।

लोग आ–आकर सुना रहे थे– कैसा बेटा है? बहू तो दूसरे घर से आई थी पर अपना बेटा ही पराया हो गया। माँ को यह सुनकर कष्ट होता।

एक दिन माँ ने एक मात्र पुत्र के आने की खबर सुनकर उसे बुलाकर कहा– बेटा! मैं तुम्हें माता के ऋण से मुक्त करती हूँ। तुम बेटे का फर्ज नहीं निभा सके इसलिए मेरे बाद तुम्हें आत्मग्लानि न हो कि तुमने माँ की चिन्ता नहीं की। क्योंकि तुम्हें इस ग्लानि से जो पीड़ा होगी उससे मेरी आत्मा को भी कष्ट होगा। तुम्हारे सुख से ही मेरी आत्मा सुखी होगी।

पुत्र की आँखें भर आयीं। ऐसा क्यों कहती हो माँ ?

माँ बोली– "बेटा ! मुझसे तेरी पीड़ा नहीं देखी जाती। मैं समझ रही हूँ तू कितने धर्म संकट में घुल रहा है?"

बेटा सोचने लगा– "माँ मेरी पीड़ा समझ गई। पत्नी का हठ न रखूँ तो घर टूट जाय। पर माँ का अपमान देखा नहीं जाता।"

वह भरे गले से बोला– "माँ! यदि ग्लानि से, पश्चाताप से मेरा पाप धुले तो भी क्या तुम्हारी आत्मा को कष्ट होगा? माँ मैं विवश हूँ अपने घर को उजड़ने से बचाने के लिए, अपने बच्चों का विछोह मुझे न सहना पड़े इसलिए मैं चुप रहता हूँ। तुम्हारी सेवा नहीं कर सका, तुम्हें अपने पास बुला नहीं सका। मैं तुम्हें पीड़ा देने का अपराधी हूँ।

माँ की आँखों से गंगाजल की बूँदें लुढ़क गईं। बेटे ने अपनी हथेली में लेकर उन बूँदों को माथे पर चढ़ा लिया।

माँ का मन और शरीर दोनों शांत हो गया।

31. प्रायश्चित

प्रशांत सोच रहा था– माँ सारा अपमान मेरे सुख के लिए मौन भाव से झेल रही है, जानता हूँ।

पर मैं माँ के पास बैठकर दो पल बात भी तो नहीं कर सकता क्योंकि पत्नी कलह करती है।

अपना सिर माँ की गोद में रखकर सोने का मन होता है। मैं सोता था तो माँ की अँगुलियाँ मेरे सिर को सहलाती थीं। उनकी उँगलियों से झरती वह ममता पाये हुए लगता है युग बीत गया।

उसने माँ की गोद में सिर रख दिया।

माँ की अँगुलियाँ उस पर अमृत बरसाने लगी। माँ ने त्याग और प्रेम का जो संस्कार दिया है, उसी से तो यह घर टूटने से बचा है।

पत्नी को समझाने की कोशिश करूँगा। यह सोचते ही उसके मन में पत्नी के माता–पिता का चेहरा घूम गया। जो कह रहे थे– "हम अपनी बच्ची की आँखों में आँसू नहीं देख सकते। हम समाज के नियम भी तोड़ सकते हैं। जिस दिन उसके ओठों ने काँप कर, रोकर कुछ कहा, हम तुमसे कोर्ट में निपट लेंगे।"

प्रशांत की आँखों में उसी क्षण अपने भोले बच्चे की आँखें कौंध गई, जिससे अलग होने की कल्पना भर से वह सिहर उठता था।

उसने माँ की आँखों में झाँका। वहाँ कोई शिकवा नहीं था।

माँ भी मुझसे अलग होने की कल्पना से सिहर उठती थी। तभी तो अपमान का विष घूँट मीरा बनकर पीती जा रही थीं।

माँ फिर बुदबुदा उठी थी– "सुखी रहो बेटा ! माँ के ऋण का बोध तुम्हें ग्लानि न दे, इसलिए ऋण से मुक्त कर रही हूँ।"

रोते हुए पुत्र बोला– "माँ ! क्या तुम्हारे कह देने मात्र से मैं मुक्त हो सकता हूँ ?"

माँ बोली– "बेटा ! हमारे पुरखों में जबान से ही लेन–देन चलता रहा है। कोई लिखा–पढ़ी नहीं होती थी। मैं उसी परंपरा को निभाते हुए कह रही हूँ। तुम क्यों नहीं मुक्त होगे ?"

बेटा माँ के पैरों पर गिर पड़ा– "नहीं माँ ! मुझे मुक्त न करो। तुम्हारे ऋण के बोझ से दबा रहकर जो ग्लानि झेलता रहूँगा वही मेरा प्रायश्चित होगा। शायद मेरा प्रायश्चित कभी मेरा शाप दूर कर दे।"

माँ–पुत्र दोनों एक दूसरे के आँसू पोंछते हुए जाने कितनी देर तक बैठे रह गए।

32. दंड

लाला धर्मपाल को अपनी बेटी के रूप और प्रतिभा का बड़ा घमण्ड था। कहते थे मेरी बेटी लाखों में एक है उसको सुयोग्य वर घर बैठे मिलेगा। मुझे अपनी बेटी के विवाह की चिन्ता नहीं है। बेटी भी बाप की बातें सुन–सुनकर अहंकारी होती गई।

हुआ भी वही। एक साधु स्वभाव के माता–पिता अपने इकलौते पुत्र के लिए लाखों में एक हो, ऐसी वधू की तलाश कर रहे थे। लाला धर्मपाल की बेटी का हाथ माँगने पहुँचे।

रूप से अधिक कन्या के चेहरे के भोलेपन पर रीझ गए। लड़की प्रतिभा संपन्न भी है जानकर आनन–फानन में विवाह तय कर दिया।

लाला ने दहेज की बात की तो बोले– "मुझे केवल कुश–कन्या चाहिए।"

भगवान की दया से किसी चीज की कमी नहीं है। बहू ब्याह कर आ गई। सास–ससुर ने सिर माथे रखा– "तुम्हीं हमारी बहू भी हो बेटी भी हो।"

उसे कुशल गृहणी बनाने का जिम्मा भी तो उन्हीं का था।

पर प्यार तो सभी को पसंद आता है। सीख और कर्त्तव्य बोध तो कड़वी दवा का घूँट है।

अनुशासन के पहले सबक से ही बहू का सिर भन्ना गया। मायके तक बात पहुँची। मेरी अपनी कोई पसंद नहीं है क्या ? मुझे इनके इशारे पर चलना होगा क्या?

लाला धर्मपाल पत्नी के साथ पूरे तेवर से आ पहुँचे– "देखिये जी ! हमारी बच्ची इस तरह के माहौल की आदी नहीं है।"

लड़के के माता–पिता अवाक् थे कि अरे! यह क्या हो गया ? अपनी बेटी को क्या कोई इस तरह गलत प्रोत्साहन दे सकता है ?

वे बोल उठे–"आप लोग इसे समझाइये, अभी बच्ची है, समझ जाएगी।"

पर लालाजी के बोलने से पहले ललाइन ही बड़ी ठसक से बोल उठीं– "हमारी लड़की को सब आता है, सिखाने की जरूरत नहीं है।"

लड़के के माता–पिता ने अपना मुँह सी लिया। अब ये रोज अपने सपनों के महल को एक–एक कर ध्वस्त होते देखते हैं।

समय बदल गया है। अब उन्हें बेटे के माता–पिता होने का दण्ड भोगना है।

एक दिन मंदिर में एक महात्मा जी कथा सुना रहे थे–

"जीवन में चार आश्रम हैं, ब्रह्मचर्य, गृहस्थ, वानप्रस्थ और संन्यास।"

"गृहस्थ आश्रम की जिम्मेदारी पूरी हो जाय तो माया–मोह से मुक्त होकर वानप्रस्थ तथा सन्यास ग्रहण कर लेने से मनुष्य दुःख नहीं उठाता। पर इसके लिए जरूरी नहीं है कि जंगल में जाकर ही वानप्रस्थ लें। घर में रहते हुए भी मुक्त रहा जा सकता है।"

बहू के सास–ससुर को लगा यह प्रवचन महात्मा जी ने हमारे लिए ही सुनाया है।

33. बेटी

कमल और वीणा को एक बेटी न पाने का दुःख सालता रहता था। हमारी भी बेटी होती तो हमारे सुख–दुःख में साथ देती।

बेटों का क्या? बेटे बहुओं के हो गए। बहुएँ अपने माता–पिता की हैं।

दोनों तीर्थ करने गए। एक धर्मशाला में थक कर चूर बैठे थे। दोनों का एकादशी व्रत था।

वीणा बोली– "तुम्हारी तबियत ठीक नहीं है। मेरा कहा मानों, मैं बाजार से कुछ लाती हूँ, खा लो। शरीर का धर्म तो निभाना ही पड़ेगा।"

कमल का उत्तर था– "नहीं वीणा ! आज तक मैने बाहर नहीं खाया। कल तक व्यवस्था हो जाएगी तो तुम बनाना, मैं व्रत तोड़ूँगा। अब इस समय सो जाओ।"

उसी समय एक दंपत्ति धर्मशाला में ठहरे हुए अपने एक अतिथि के स्वागत में आए थे।

उनकी बात सुनकर वह स्त्री बोली– "मेरा नाम सुनंदा शर्मा है। मेरे घर में भोजन कर सकते हैं तो मैं सफाई से फलाहार बनाकर ला सकती हूँ। मैं वैष्णव हूँ। मेरे घर में लहसुन–प्याज भी नहीं आता।"

आग्रह में इतनी आत्मीयता थी कि दंपत्ति की आँखें भर आयीं।

कमल जी बोले– "बेटी ! तुम्हारा व्यवहार भी बेटी जैसा ही है। हमारे मन ने तुम्हें बेटी मान लिया। अब हम तुम्हारे घर का कैसे खा सकते हैं ?

सुनंदा बोल पड़ी– "बेटी हूँ तो क्या माता–पिता की सेवा का अधिकार मुझसे ले लेंगे। आपके नाती दौहित्र हो चुका है। अब मेरा ही घर नहीं है आपके नाती का भी है। नाती का खाने में दोष नहीं है। ऐसी तो लोक पंरपरा है।"

दंपत्ति उसके वाक्चातुर्य पर अवाक् थे। उनके मौन को उनकी सहमति मानकर वह शीघ्र चली गईं।

सुनन्दा आधे घंटे में फलाहार बना कर ले आई।

कमल–वीणा दोनों ने उपवास तोड़ा।

उन्हें लगा अमृत की कल्पना शायद ऐसे ही क्षणों में की गई होगी। आत्मीयता के अमृत से बढ़कर क्या कोई और अमृत होगा?

सुनन्दा को माता–पिता मिल गए।

कमल–वीणा को एक आनंदी बेटी मिल गई।

उन्हें लगा कि यह एकादशी व्रत का और तीर्थ यात्रा का सुफल है।

34. तप

पार्वती का मन बार–बार पारे सा टूट कर बिखर जाता है और फिर निकट आते ही जुड़ जाता।

परिवार को जोड़े रखने की उसकी अथक कोशिशें चल रही थीं।

पति का स्वभाव संसार से निराला था।

वह उसे झिड़कते हुए कहते "जो हमसे मतलब नहीं रखते उनके पीछे क्यों भागती हो?"

पर पार्वती का मन सबसे उचट नहीं पा रहा था।

पार्वती को ईश्वर ने शायद इसीलिए गढ़ा था कि वह सबकी डाँट, झिड़कियाँ खाते हुए भी सबके सुख के साधन जुटाती रहे।

उसमें अभिमान का लेश नहीं था। पर स्वाभिमान से मन भरा था।

अपने ऊपर कष्ट उठाकर वह अपने स्वाभिमान की रक्षा करती थी।

उसका स्वाभिमान ऐसा था जिसमें केवल देते जाने का संकल्प था। लेने के लिए उसने कभी नहीं सोचा था।

अपने से बड़ों और बराबर वालों के साथ वह इसी भाव से निभाती आ रही थी।

किन्तु अपनी आचार संहिता की पिटारी का एक भी व्यवहार अपने छोटों से न पाकर वह टूटती सी जा रही थी।

वह सोचती– बार–बार अपमान का अनुभव करती हूँ, क्या मेरी सहनशीलता के तप का यही प्राप्य है?

उसके अंतर्मन से आवाज आई– क्या तुम थक गई ? यह तप तो तुम्हें जीवन भर करना है। अपने से छोटों से अपमान पाकर भी तुम विचलित न हो। तभी तो साधना सफल मानी जायेगी।

गीता का कर्मयोग, सुख दुःख को समान भाव से देखना यह तप तो तुम्हें जीवन भर करना है।

पार्वती का मन हल्का हो गया।

35. संपत्ति

वसुधा का मन आज बहुत उद्विग्न था। सास का श्राद्ध करने पति के पैतृक निवास पर आई थी। सास की तन–मन–धन से सेवा की थी। पाँच बेटों की माँ थीं सास माँ। पर वसुधा की सेवा से इतनी आश्वस्त थीं कि कहीं और रहने को तैयार ही नहीं होती थीं।

अस्पताल में डॉक्टर ने कहा– "माँ जी! अब आप ठीक हैं, घर जाइए।

माँ जी ने कहा था– "घर नहीं जाऊँगी।"

डॉक्टर बोला– "क्यों ?"

वसुधा की ओर अँगुली उठाकर बोली थीं– "इसी के पास रहूँगी।"

डॉक्टर ने कहा– "इन्हीं के तो घर जाने को कह रहा हूँ और कौन सा घर समझ रही थीं।"

वह बोली– "यही तो इसका घर है। घर न होता तो यहाँ कैसे रहती?"

डॉक्टर मुस्कुराए– "माँ जी ! यह तो अस्पताल है। आप तो बड़ी भाग्यशाली हैं जो ऐसी बहू आपको मिली।"

दूसरे बिस्तरों के मरीज बार–बार वसुधा से पूछते– "यह आपकी माँ हैं ?"

वसुधा मुस्कुराकर उत्तर देती– "हाँ! सास माँ है।"

लोग दुआ कर उठते– "बहुत सुखी रहोगी बिटिया! आज कल बड़े बुजुर्गों को कौन पूछता है?"

वसुधा का मन आत्मसंतोष से भर उठता। रात भर के जागरण के श्रम की थकान कपूर सी उड़ जाती। माँ जी के सोते ही स्टूल पर बैठे–बैठे आँख झपकी ले लेती थी। पर उसे लगता था कि उसकी नींद पूरी हो गई है।

माँ जी को अपने बेटे से अधिक बहू की निकटता प्रिय थी। उसको देखते ही ऐसे ही खिल उठती थीं जैसे कि माँ को देखकर अबोध शिशु। वसुधा ने इधर अपने सारे कार्यक्रम स्थगित कर दिये थे। लोग उसकी अनुपस्थिति पर गोष्ठी समाराहों में टोकने लगे थे। पर उसने परवाह नहीं की।

उसके पति भी उसके जरा से इधर–उधर होते ही परेशान हो उठते। पता नहीं माँ अपनी जरूरतें उसे कैसे बताती हैं? वह कैसे पूरा करती है?

और एक दिन अचानक माँ जी चल दीं। बिना कुछ कहे, बिना किसी कष्ट के। डॉक्टर द्वारा उन्हें मृत घोषित करने पर वसुधा किंकर्त्तव्यविमूढ़ सी बैठी रह गई थी। क्या ऐसे भी अचानक कोई इतने दिनों का साथ और सब कुछ छोड़कर चला जाता है? माँ जी के चेहरे पर न छटपटाहट थी और न ही पीड़ा के चिह्न। एक शांति की दीप्ति थी। अभी पाँच मिनट पहले ही तो उन्हें नहला धुलाकर कपड़े बदल कर लिटाया था वसुधा ने। कपड़ा बदलते ही शरीर का वस्त्र भी उन्होंने अचानक बदल लिया था। खबर पाकर चारों और बहुएँ भी आ गई थीं।

किसी ने संवेदना में मौन तोड़ा– "माँ जी यहीं ज्यादा रहती थीं न। आप लोगों के पास कम रहती थीं।"

एक बहू ने कहा– "ऐशो–आराम जिसके पास होगा वहीं तो लोग रहना चाहेंगे। हमारे पास यहाँ सी सुख–सुविधाएँ कहाँ हैं ?"

दूसरी बहू ने कहा– "अरे! जिसने सेवा की, मेवा भी तो उसे ही मिला होगा। हमारी सास के पास ससुर जी की रंगून की कमाई के गहने और नकदी थी।"

तीसरी बोली– "हमेशा इन्हीं की माला जपती थीं, चार दिन के लिए भी जाएँ तो यहीं आने के लिए तड़पती रहती थीं।"

चौथी ने बिना कुछ कहे जिठानियों की ओर देखकर मुँह बिचकाया।

ननद सबसे बड़ी थी। वह दस वर्ष बाद विदेश से आई थी।

माँ की मृत देह दो दिन उनकी प्रतीक्षा में बर्फ पर रखी थी। वह सारी बातें सुन रही थी।

चौथी से उन्होंने कहा– "तुम भी कुछ कहो छोटी, चुप क्यों हो ?" वह रोकर बोली– "जिज्जी ! अम्मा जी के पास कुछ नहीं था मैं जानती हूँ। मुझे मुँह दिखाई देने के लिए भी वसुधा दीदी ने अपनी अँगूठी उतारकर सास अम्मा को दी थी।"

माँ के खतों से ननद को सब मालूम था। वसुधा की काँपती देह को उन्होंने बाहों में भर लिया।

वसुधा के धैर्य का बाँध अब टूट गया था। वह समझ नहीं रही थी उसके कितने आँसू सास जी के विछोह के हैं और कितने अपने मन की दूसरी पीड़ाओं के।

36. श्राद्ध कर्म

बहुत वर्षों से बिस्तर पर थीं परमा देवी। बेटे मोहन और उसकी पत्नी दीप्ति की सेवा से संतुष्ट थीं। पर शरीर का कष्ट सहन नहीं होता था। तो बार–बार मृत्यु की पुकार करने लगी थीं। पर मृत्यु का क्षण आया तो वह बिना पुकारे ही दबे पाँव आ गई और दबोचकर ले गई। बेटा–बहू अवाक् थे। अभी तो माँ ठीक से बोल रहीं थीं। अचानक कैसे चल दीं बिना कुछ कहे?

पर नियति पर किसका नियंत्रण है। आगे की तैयारियाँ करनी हैं। दूसरे भाई–बहन अलग–अलग जगहों पर थे, सबको खबर करनी थी।

अंतिम संस्कार पूर्वजों से चली आ रही परंपरा के अनुसार काशी धाम में करें कि यहीं शहर में ही करें? यह विचार विमर्श करना था।

अंत में भाइयों के आने पर बात हुई। नाते–रिश्तेदारों ने कहा–अपनी परंपरा के अनुसार होना चाहिए। वे अपनी देहरी पर श्राद्ध पाकर ही शांति पाएँगी।

परमा देवी अपनी देहरी की रट हर काम में लगाती थीं। दीप्ति को याद आया पाँच वर्ष पहले उसके बेटे के विवाह के समय माँ जी की जिद थी कि गाँव से ही विवाह हो।

सारी तैयारियाँ हो गईं थी पर गाँव की जिम्मेदारी सँभालने वाले उसके जेठ ने कुछ ऐसी बातें कह दीं थी कि वहाँ की व्यवस्था रद्द करके फिर से सब व्यवस्था शहर में करनी पड़ी थी। उल्टे जेठ जी चारों ओर कहते फिर रहे थे– अरे! वह लोग साहब हैं, यहाँ धूल–धक्कड़ में कहाँ आते शादी करने? वह तो दिखाने के लिए नाटक किया था कि यहाँ से करेंगे?

दीप्ति और मोहन सुनकर चुप हो गए। अपनी पीड़ा किससे कहते? घर की मर्यादा और संयुक्त परिवार की इज्जत की बात थी।

दीप्ति को याद आए माँ जी के अलग–अलग क्षणों के कातर चेहरे जो उसने गाँव में देखे थे। जिस घर की वह साम्राज्ञी थीं, नौकर–चाकरों पर हुकूमत करती आई थीं। जिनके पति उनकी सलाह के बिना एक काम नहीं

करते थे। वहीं पर पति के आँख मूँदते ही उनकी भूमिका नगण्य हो गई। वह भीतर–भीतर घुलती जा रही थीं।

दीप्ति जेठ की बेटी के विवाह में गई थी तो माँ जी की घर में स्थिति देखकर बहुत चिन्तित थी। माँ ने उससे कुछ कहा नहीं था। बस उसका हाथ पकड़कर रो पड़ी थीं। दीप्ति के बहुत पूछने पर बस इतना बोलीं थीं– "दुलहिन! क्या एक आदमी के चले जाने से सारी दुनियाँ बदल जाती है ?

दीप्ति ने पूछा था–माँ जी! आप मेरे साथ चलेंगी ? आप की तबीयत भी ठीक नहीं रहती। और माँ जी तैयार हो गई थीं आने के लिए। साथ में ठाकुर जी की पूजा का सामान, कंठी और दो जोड़ी कपड़ा ले लिया था।

बीच में कभी गाँव आना हुआ तो दीप्ति उन्हें साथ लाती और साथ ही वापस ले जाती।

कई बार माँ जी अस्पताल में दाखिल हुईं। दीप्ति ने घर पर खबर भेजी पर कोई नहीं आया। आज फिर दीप्ति का मन ऊहापोह से भरा था। कहीं ऐसा तो नहीं भीतर से जेठ जी चाह रहे हों कि अम्मा का श्राद्धकर्म गाँव से न हो। गाँव से होने का अर्थ था उनकी जिम्मेदारी। वह चुप रही। कुछ बोलने का अर्थ था दूसरी तरह का प्रचार।

श्राद्धकर्म के लिए मोहन ने पन्द्रह दिन की छुट्टी ले ली। पति पत्नी गाँव गए।

बीस वर्षों से माँ जी की उपस्थिति से जो जिम्मेदारी थी उस सबसे खाली होकर मन भी जैसे खाली हो गया था। उनकी कराहें, पुकारें उनकी कुबरी की खट–खट सब शून्य में विलीन हो गए थे। माँ के बिना घर में जो सूनापन आया था उससे बचने के लिए स्थान परिवर्तन आवश्यक भी लग रहा था। उसका मन बहुत बेचैन था।

पर वही हुआ जिसकी आशंका थी। जिठानी और जेठ जी किसी न किसी बहाने सुना–सुनाकर कहते– "हमें तो छोड़कर माँ जी चली गई थीं शहर की सुविधा भोगने। क्या उनको यह नहीं सोचना था कि कैसे सँभाल पायेंगे हम खेती बारी ? अपना बक्सा तो प्राण से अधिक प्यारा था माँ जी को। चाभी गले में लटकाये फिरती थीं। अरे जिसके पास थीं उसे ही तो मिला होगा सब कुछ। क्या हमारे पास रहतीं, तो हम सेवा नहीं करते। माँ–बाप को तो अपने बच्चों में दो आँख नहीं करनी चाहिए पर उनके मन में तो कपट था। शुरू से छोटे को मानती थीं। हम तो जैसे सौतेले हों।"

दीप्ति का सिर भन्ना गया। वह जानती थी कि माँ जी को गाँव–घर छोड़कर जाने में कितनी पीड़ा हुई थी। वह रहती शहर में थीं पर उनके प्राण गाँव में ही बसते थे। रात दिन के तानों से ऊब कर ही तो वह गईं थी।

एक बार बेटे ने कहा था– "टें! टें! मत किया करो, चुपचाप पड़ी रहो।" वह समझ गईं थीं कि गृहस्थी में उनका हस्तक्षेप बेटे–बहू को खलने लगा था।

माँ जी के बक्से में मात्र कपड़े थे। वह भी जो दीप्ति ने खरीदे थे। पैसे के नाम पर वही पैसे थे जो करवा चौथ पर वह माँ जी को देकर पाँव छूती थी। वह पैसे भी माँ जी अपने नाती पोतों के आने पर दे देती थीं। जब नहीं रहता था तो कुछ नहीं कहती थीं पर दीप्ति समझती थी कि उन्हें देना चाहती हैं तो वह स्वयं उनके हाथ में देने के लिए रुपये धर देती थी।

आज यह आरोप सुनकर उसकी इच्छा हुई कि यहाँ से चली जाए।

जिठानी कह रही थीं "हम तो प्यार आदर का दिखावा कर नहीं सकते। जिसको यह कला आती है, वही बुजुर्गों की सेवा का ढोंग करके सब कुछ हड़पते हैं"।

दीप्ति का सिर फटने लगा। वह बोल पड़ी– "क्या हड़पा है मैंने ? अम्मा तो खाली हाथ गई थीं बीमार होकर। ऐसा क्यों कह रही हैं ?"

फिर तो महाभारत मच गया।

जेठ कड़क कर बोले– "तो क्या जेवर घर पर छोड़ गई थीं। तुम कहना क्या चाहती हो?"

दीप्ति का दिल बैठने लगा। वह दिल की मरीज थी। उसे लगा धरती चारों ओर घूम रही है। दिवंगत आत्मा के प्रति अविश्वास, मेरे प्रति लगाया गया यह आरोप क्या सास माँ की आत्मा को शांति देगा ? यह श्राद्ध का सारा आयोजन क्या उन्हें शांति देगा ? शायद हमने फिर भूल की है। हमें उनका श्राद्धकर्म भी वहीं करना था। माँ की आत्मा दुःखी हो रही है। उसने हाथ जोड़कर सास माँ को प्रणाम करके क्षमा माँगी और जमीन पर बेसुध सी लेट गई।

मोहन को खबर लगी वह भागा–भागा अन्दर आया। क्या हुआ? क्या हुआ?

दीप्ति ने आज तक पति को पूरी घटना नहीं बताई। क्योंकि बताने का परिणाम होगा विखण्डन। अभी बाहर से ही सही, जुड़ा हुआ तो लगता है सब कुछ। दीप्ति संयुक्त परिवार के महत्त्व के बारे में बहुत बोलती आई है। अपनी ही आस्था को झूठी होते, टूटते देखना कितनी पीड़ा देता है, वह अनुभव कर रही थी।

37. दवा

वृद्ध रामपाल जी गोलोकवासी हो गए थे। दो बेटे थे। एक गाँव में पूरी जमींदारी देखता था। दूसरा नौकरी करता था।

रामपाल जी सदैव गाँव में ही रहते थे। अपने परिश्रम से बाप–दादा की जायदाद में और इज़ाफा कर लिया था। पूरे जिले में जिनकी धाक थी। जिनकी एक कड़क पर बेटे काँप जाते थे, अब वही साँय–साँय करके बोलने लगे थे। सब कुछ उन्ही का बनाया, किया–धरा था पर उनकी दवा–खुराक पर खर्च करना अब बेटे–बहू को नागवार लगने लगा था।

एक दिन दवा का नुस्खा बेटे के हाथ में थमाया तो वह तमतमाकर कह उठा– "मैंने ही ठेका लिया है दवा लाने का? जो शहर में कमा–कमा कर जमा कर रहा है उससे भी तो कहिए कुछ खर्चा भेजे।"

वृद्ध हाथों ने पर्चा वापस ले लिया।

दूसरे दिन एक सज्जन मिलने आए। बोले – "बाबूजी ! कैसी तबीयत है ? घर आ रहा था तो रमेश ने कहा था बाबूजी का हालचाल लेते आना। आपके लिए च्यवनप्राश भेजा है। पूरे जाड़े भर खाइएगा।"

उनकी आँखें भर आईं। बोले– "कब वापस जा रहे हो ?" उसने कहा– "कल जाऊँगा, कुछ जरूरत हो तो बताइए।"

वह बोले– "मेरा खत लेते जाना पर उसके हाथ में ही देना।"

उन्होंने पत्र लिखकर चिपकाया और दे दिया।

बेटा पत्र पढ़कर अवाक् रह गया–

"बेटे! मेरी दवा पर पैसे खर्च हो रहे हैं। मैं दोनों बेटों में खर्च बाँट रहा हूँ। लगभग पाँच सौ रुपये महीने का औसत खर्च है। दो सौ पचास रुपये महीना तुम्हें देना है।"

रमेश कातर हो उठा। बाबूजी इतने बड़े जमींदार है जाने कितने बीमारों का इलाज करने के लिए पैसे देते थे? जाने कितनों–कितनों की फीस जमा

कराते थे। जब बाबू के पास अपने लिए पैसे नहीं है तो कैसे कर पाते होगें दूसरों के लिए?

उसने अपनी बेटी के नाम से सौ रुपये महीने सावधि खाते में जमा किए जाने वाले एकाउण्ट की पासबुक निकाली। उसमें साढ़े दस हजार रुपये जमा हो गए थे। अगले साल बेटी का विवाह करना था। पर उससे जरूरी था पिता के मन का संतोष।

उसी शाम बस से चलकर भोर में रमेश गाँव पहुँचा।

पिता का एकाउण्ट नम्बर लेने के लिए पासबुक माँगी। उसमें मात्र सौ रुपये शेष थे। दस हजार पिता के एकाउण्ट में डालकर पासबुक उन्हें दे दी। भरे गले से बोला– "बाबू जी! आप पहले की तरह खर्च करिए, मैं ओवर टाइम करके फिर पैसा इकट्ठा करूँगा और भेजूँगा।"

पिता की आँखें खुशी से दमक उठीं और छलछला आईं। उसी रात में दमा का दौरा पड़ा अस्पताल पहुँचते–पहुँचते उन्होंने दम तोड़ दिया।

श्राद्धकर्म के लिए बड़े बेटे ने पासबुक खोजनी शुरू कर दी। रमेश ने निकाल कर दे दी।

बड़ा बेटा बिफर पड़ा। बुड्ढा दस हजार रुपये दाबे बैठा था। दवा मुझसे मँगवाता था। मुझ पर विश्वास नहीं था। तुम्हारे आते ही तुमसे जमा करा दिए। फिर रमेश से बोला– "मेरे लिए तो फूटी कौड़ी भी नहीं छोड़ गए हैं। कुछ पैसा–वैसा लाए हो कि इसी पासबुक से निकालूँ?"

रमेश बुत बना खड़ा था।

उसी समय आढ़ती का व्यापारी आया। नोटों की गड्डियाँ सुरेश की ओर बढ़ाते हुए बोला– "पूरे अस्सी हजार हैं गिन लीजिए। बाकी का गल्ला तो पिता जी के श्राद्धकर्म के बाद ही बेंचिएगा न ?"

सुरेश उसे झिड़ककर बोल उठा– "जाओ भागो यहाँ से। तुम्हें यही समय मिला था। देख नहीं रहे घर में लाश पड़ी है।"

रमेश पिता जी के लिए "लाश" शब्द सुनकर और जोर से रो पड़ा था। उसे भाई की खीझ का असली कारण भी समझ में आ रहा था। उसके सामने व्यापारी ने पैसे जो दे दिए थे।

38. थकान

मृदुला का मन बहुत खिन्न था।

थक–हार कर नौकरी से घर जाती तो घर का सारा फैला काम देख कर थकान और बढ़ जाती।

इच्छा होती कि कोई लाकर एक गिलास पानी दे देता, एक कप चाय के लिए पूछ लेता।

पर ऐसा नहीं होता। भरा पूरा परिवार है। पर उसकी प्रतीक्षा बाँझ सी हो जाती जो उसे और दुःख देती।

वह चाय बनाती। छोटे, बड़ों सबको उनके कमरों में जगा–जगा कर चाय देती। कभी–कभी तो पाँच–पाँच मिनट तक किवाड़ ही नहीं खुलते। वह अपने पर खीझती– "क्यों चिंता करती हूँ मैं सबकी! फिर मन को समझाती। मुझमें और उनमें यही तो फर्क है।"

मेरी माँ ने सबकी चिन्ता, सबकी सेवा के संकल्प की घुट्टी जो पिला दी थी। मैं तटस्थ नहीं रह सकती। किसी की भूख–प्यास नहीं देख सकती।

रोज का यही काम था।

एक दिन अँधेरा घिर आया।

शाम की चाय की प्याली किसी कमरे में नहीं पहुँची। न दरवाजे पर दस्तक हुई। आज नियम टूटा था।

सभी को बेचैनी हुई, चाय की तलब हुई। कमरे खुले नीचे सब इकट्ठा हुए। बरतन बिखरे, रसोई अस्त–व्यस्त थी। चाय चीनी के बरतन खाली थे। माँ आज दिख नहीं रही थी।

बाहर से कोई दरवाजा खटखटा रहा था। लगता है माँ होगी। सबकी निगाहें दरवाजे पर लगी थीं। रोज की तरह बूढ़ी दादी ने दरवाजा खोला उनकी चारपाई दरवाजे के पास बिछी थी। मृदुला के आने पर वही किवाड़ खोलती थी। दादी आसरा लगाये टकटकी बाँधें बहू का इंतजार करती रहती

थीं। दिन भर का उनका खाना–पानी उनके बिस्तर के पास रखकर मृदुला जाती थी।

किवाड़ खुला, मृदुला की बेसुध काया दरवाज़े पर रखकर पड़ोसी द्वार खटखटा रहे थे। एक रिक्शा खड़ा था। पड़ोसी कह रहा था सड़क पर चक्कर खाकर गिर गईं थीं। भीड़ लगी थी। मैंने देखा तो पहचान लिया। रिक्शे में उठाकर लाया हूँ। शायद ऑफिस से बाजार चली गई थीं। यह थैला गिरा पड़ा था। लोगों ने देखा थैले में चाय का पैकेट था, चीनी थी। चाय का थर्मस था।

दादी बिलखकर रो पड़ीं–

हाय मेरे लिए ही थर्मस लेने गई होगी। कह रही थी आप के लिए चाय बनाकर रख जाया करूँगी। कभी देर हो जाती है तो पी लिया करना। दादी रोते–रोते कह रही थीं– "अरे मेरी बहू को डॉ. को दिखाओ। उसके मुख पर पानी का छींटा मारो।"

मृदुला को होश नहीं आ रहा था।

डॉ. आए और देखकर बोले– "लगातार परिश्रम और मानसिक तनाव के कारण उन्हें हार्ट अटैक हुआ है। इन्हें फौरन अस्पताल लेकर चलिए।"

पंद्रह दिन बाद अस्पताल से मृदुला घर लौटी। आज उसे प्रतीक्षा नहीं करनी पड़ी। उसकी बहू ने लाकर गिलास का पानी थमाया और चाय बनाने को कहकर चली गई।"

मृदुला को लगा वह लम्बी सैर से लौटकर आई है लेकिन थकान का नामोनिशान नहीं है।

39. छूत

रूपा कमरे में जल भुन रही थी।

उसकी सहेली सुस्मिता हँस–हँसकर सबका स्वागत कर रही थी। उसके घर प्रथम संतान के जन्म का उत्सव था। रिश्तेदारों, परिजनों, इष्टमित्रों से घर खचाखच भरा था।

नन्हा शिशु बारी–बारी से सबकी बाँहों में जा रहा था।

रूपा को कोफ्त इसी बात की थी कि सुस्मिता कितनी बेवकूफ है? सवा महीने के बच्चे को सबकी गोद में ऐसे डाल रही है जैसे प्लास्टिक का बबुआ हो। जाने किस को क्या इन्फेक्शन हो? कितना समझाया पर उसके भेजे में बात आती ही नहीं। भुगतेगी तब पता चलेगा।

सुस्मिता लपक कर कमरे में आई और उसका हाथ पकड़कर खींचती हुई ले जाकर अपने सास–ससुर, जेठ, जिठानी, ननदों के कुनबे के बीच बैठा दिया।

सब दाँत फाड़–फाड़कर हँस रहे थे। बच्चे के साथ तुतला कर बोल रहे थे।

रूपा को देखकर उसकी सास ने हँसते हुए कहा– "ऐ बबुआ! जा अपनी मौसी क तेल बुकवा का परसाद दइ द्या त। बहुत चिक्कन देखात हईं।" अर्थात अपनी मौसी के ऊपर मल–मूत्र करके प्रसाद दे दो।

रूपगर्विता, शहरी आभिजात्य संस्कारों मे पली रूपा को यह गँवारू हँसी और संवाद न जाने क्यों आज इतना रास आया कि उसे अपना अभिजात्य का कवच चुभने लगा।

उसने बच्चे को गोद में लेकर चूम लिया।

सुस्मिता मुस्करा कर बोली– "अरे रूपा! बच्चे को अपना इंफेक्शन न दे देना।"

रूपा ने उसे मुक्का दिखाकर कहा– "दूँगी–दूँगी।"

"क्या कर लेगी तू ?"

और बच्चे को गोद में लेकर वह चूमते हुए नाचने लगी।

उसे लगा अपने जीवन के इतने वर्ष उसने व्यर्थ गँवा दिए।

रूपा ने अपनी ससुराल को फोन मिलाया– "हेलो, माँ जी! मैं कल सवेरे आ रही हूँ। अब मैं आप लोगों के साथ ही रहूँगी! मुझे क्षमा कर दीजिए।"

सुस्मिता हँसकर बोली– "रूपा आखिर तुझे मेरे हँसते–खेलते परिवार की छूत लग ही गई।"

रूपा आज खुलकर हँस पड़ी।

40. पाँव पखार

सुनीता शर्म से गड़ी जा रही थी।

उसकी देवरानी ने कुछ कहा भी तो नहीं था। पर मन को चोट लग गई थी।

आज आते ही देवरानी की पुत्रवधू ने लपककर आँचल से पाँव छुआ। फिर मना करते–करते भी थाली में उसका पाँव रखकर मल–मलकर धोने लगी। वह पिंडलियाँ दबा–दबाकर थकान उतार रही थी। वह पाँव भी छूती थी तो दबा–दबाकर थकान उतारते हुए।

सुनीता की आँखों में पिछले रविवार की घटना घूम गई।

देवरानी सपरिवार उनके घर गई थी।

सुनीता ने डरते–डरते अपनी बहू से कहा था– "सबका पैर छू लेना। तुम्हारी जिठानी तो पाँव दबाते–दबाते प्रणाम करती है। तुम भी सीख लेना। बहू मुँह बिचकाकर दूसरी ओर चल दी थी।

उसकी भुनभुनाहट सबको सुनाई दे गई थी– "यह सब जाहिलों का काम है। मेरे पास इतनी फुरसत नहीं है।"

आज इस बहू से पैर धुलाते हुए सुनीता के पाँव की थकान तो उतर रही थी पर मन बोझिल होता जा रहा था।

41. कृतघ्न

प्रजापति ब्रह्मा उदास थे। मानव कितना कृतघ्न हो गया है। मैंने ही तो उन्हें बनाया और ये मेरी पूजा करने को कौन कहे, मेरी ओर देखते तक नहीं।

शिवजी भी भंग के रंग मे डूबकर अपनी उदासी दूर कर रहे थे । अरे! मैं रात–दिन इनके कल्याण के लिए मारा–मारा फिरता हूँ, पर ये तो मुझे पहचानते भी नहीं।

विष्णु जी भी आह भरकर दुःखी मन से मुस्कराये। मैं ही तो इनका पेट भरता हूँ पर ये कृतज्ञ होने के स्थान पर मेरे अस्तित्व पर ही अँगुली उठाते हैं।

नारद जी नारायण–नारायण करते हुए आ पहुँचे।

"हे त्रिदेव प्रभु ! जब आप ही तीनों स्वर्ग में बैठकर इस तरह उदास होंगें तो इस कलयुग में बेचारे भूलोक के माता–पिता की क्या गति होगी। वे सब तो आप की ही तरह सहनशील, क्षमाशील, धीर–वीर होने का प्रयास कर रहे हैं। उनके आदर्श भी आप हैं और अवलम्ब भी।

त्रिदेव नारद जी की स्पष्टवादिता से चौकन्ने हुए। नारद! क्या वातावरण का प्रदूषण स्वर्ग तक पहुँच गया है?

पवन देव से कहो स्वर्ग की खिड़कियाँ खोल दें। शुद्ध हवा आए।

इंद्रदेव से कहो सारी गंदगी जल बरसाकर धो दें।

स्वर्ग शुद्ध होगा तभी धरती शुद्ध होगी। तभी धरती के प्राणी हमारे ऊपर शंका करना बंद करेंगे। हमें अपनी महिमा बचाए रखने के लिए अब तपस्या करनी होगी। वरना विज्ञान हमारे अस्तित्व को खत्म कर देगा। मनुष्य उसे भी कृतघ्न बना देगा।

42. कानी बिटिया

दाई की आवाज गूँजी– "कानी बिटिया हुई।"

पर सोनल की दादी का चेहरा खिल उठा।

सोनल भौचक्की सी उन्हें ताक रही थी।

सदा पोते का मुख देखने की मन्नत मानने वाली दादी बिटिया, वह भी कानी होने की खबर से प्रफुल्लित क्यों हैं?

दाई बच्चे को कपड़े में लपेटकर दादी को दिखाते हुए चहकी– "सोने की सीकड़ लूँगी अम्मा! पत्थर पर दूब जमी है।"

"हाँ–हाँ दूँगी रे!" दादी खुशी से हाँफ उठीं। ढोलक बजने लगी, सोहर गाये जाने लगे।

सोनल धीरे से माँ के पास पहुँच गई। माँ को साँस लेने में कष्ट हो रहा था।

सोनल ने दौड़कर माँ को इनहिलर पफ थमा दिया। पिता के पास दौड़कर गई और माँ की तकलीफ की खबर दिया।

पिता डॉक्टर को लेकर भागे हुए आए। डॉक्टर ने नेबुलाइजर लगाया। माँ का ब्लड प्रेशर हाई था। इंजेक्शन दिया गया।

माँ के प्राण बच गए। डॉक्टर ने कहा दो सेकेन्ड की भी देरी हो जाती तो जच्चा का बचना मुश्किल था।

पिता ने अपनी सात वर्ष की बेटी सोनल को सीने से लगा लिया।

दादी को खबर मिली तो दौड़ी आईं।

सब कुछ ठीक होने पर सोनल ने बच्चे को देखकर पूछा– "दादी! दाई ने कानी बिटिया क्यों कहा था? यह तो भइया है।"

दादी ने कहा– "बेटा पैदा हुआ है सुनकर खुशी से माँ की साँस ऊपर न चढ़ जाए इसलिए ऐसा कहा जाता है।"

सोनल अभी भी समझ नहीं पाई, माँ की सांस तो कानी बिटिया सुनकर भी चढ़ गई थी।

43. रामलीला

रामलीला हो रही थी। दृश्य था सीता की विदाई का।

राजा जनक जी और उनकी महारानी को सीता की विदाई के समय हाथ जोड़ कर कहना था– "महाराज दशरथ जी! मेरी बेटी को कुछ नहीं आता, उससे कोई भूल हो जाए तो क्षमा करिएगा। मेरी पुत्री की लाज रखिएगा।"

पर राजा जनक और उनकी महारानी जी तो आज कुछ और ही संवाद बोल गए– "देखिये! महाराज दशरथजी ! हमारी बेटी सर्वगुण सम्पन्न है, पढ़ाई में गोल्ड मेडल पा चुकी है। उसकी गलती निकालेंगे तो हम आपसे कोर्ट में निपट लेंगे।"

दशरथ जी हैरान खड़े थे।

परदा गिराया गया।

राजा जनक और महारानी से निर्देशक क्रोधित होकर पूछ रहा था– "यह क्या अनाप शनाप बक रहे हो !"

दोनों पात्र हकबका गए– "आप ही ने तो कहा था कि घिसे पिटे ढंग से मत बोलना, नया अंदाज हो, हमेशा से अलग हटकर कुछ नया लगे।"

"आज ही सबेरे एक विदाई में हमने यह नया डायलाग सुना था। हमने सोचा था कि आप खुश होकर इनाम देंगे पर आप तो...." कहकर दोनों अभिनेता बच्चे रूआँसे हो गए।

44. अब्बा हुजूर

नन्हीं गुलबदन अँगुली से इशारा करके मचल रही थी, हम अब्बू के अब्बा के पास जायेंगे।

उसकी अम्मी उसे गोद में जकड़कर उसका ध्यान दूसरी ओर करने की कोशिश कर रही थी।

अब्बा ने मनुहार की– "बहू बेगम! आने दो मेरे पास मेरे लख्ते जिगर को। क्यों रुला रही हो ? अल्लाह जानता है उसकी रुलाई से मेरा दम निकलने लगता है।"

बहू बेगम चिल्ला पड़ी– "निकलता है तो निकल जाने दीजिए। मेरी जान के पीछे क्यों पड़े रहते हैं?"

अब्बा हुजूर ने घर में घुसते हुए अपने बेटे को देख लिया था। डर गए कि बेटे को बहू की इस बदज़बानी पर जरूर गुस्सा आ जाएगा। उसका गुस्सा जानते थे वे।

"हाय अल्लाह ! कहीं बहू बेगम पर हाथ न उठा दे।" वे सहम कर चुप हो गए।

"अल्लाह ! मेरे बच्चे को गुस्सा न दिलाना।"

पर बेटे ने बाप की ओर निगाह ही नहीं डाली।

उसके कदम बहू बेगम की ओर बढ़ गए। अब्बा हुजूर अभी भी सोच रहे थे– "मेरा बेटा अभी नन्हीं गुलबदन को उसकी अम्मी से छुड़ाकर मेरे पास ला रहा होगा।"

पर ऐसा नहीं हुआ।

आज अब्बा हुजूर रोटी का भी इंतजार करते–करते सो गए।

45. बच्चों की बुआ

दो छोटे बच्चे मचल रहे थे– "अम्मा! हम पैदल नहीं चलेंगे रिक्शा कर लो।"

माँ ! झल्ला उठी थी– "चलो पैदल, तेरे बाप ने सारा पैसा तो तेरी उस बुआ को दे दिया। अब मैं रिक्शे के पैसे कहाँ से लाऊँ?"

बच्चों का पिता अपराधी सा खड़ा हो गया था।

वह रुआँसा होकर बोला– "मैंने तो तुम लोगों के आराम के लिए ही ऐसा किया था। क्या जानता था कि...।"

पत्नी फिर बिफर बड़ी– "क्या आराम मिला? जमीन पर बैठे ही थे उस डिब्बे में भी, वहाँ भी..."

मुझसे पूछे बिना रहा नहीं गया– "क्या बात है क्या परेशानी है?"

दोनों साथ–साथ उत्तर देने को आकुल हो उठे।

घटना यह थी कि रेल के जनरल डिब्बे में वे यात्रा कर रहे थे। ठसाठस भीड़ थी। रिजर्वेशन मिल नहीं पाया था।

पति ने देखा एक आदमी अपने बीबी–बच्चों को लेकर बगल के थ्री टायर डिब्बे में चला गया।

उसने भी वही किया।

एक स्टेशन पार होते ही महिला टी.टी. आ गई। वह गाँव का सीधा–सादा नौजवान इस कला से अनभिज्ञ था कि कैसे सुविधा ली दी जाती है।

उसका दूसरा सहयात्री निश्चिंत बैठा था। वह टी.टी. बहन जी से बाहर ही बात कर आया था।

टिकट चेक हुआ। उसे बिना आरक्षण कराये आरक्षित डिब्बे में यात्रा करने के दण्ड स्वरूप अपनी सारी पूँजी देनी पड़ गई थी।

एक और सहयात्री भी था जिसके पास कोई भी टिकट नहीं था। उसने कहा मेरे पास पैसा ही नहीं है। मैं बेकार हूँ। जेल भेजना चाहो भेज

दो। कुछ दिन जेल में ही सही रोटी तो मिल जाएगी।

उसे ट्रेन से उतार दिया गया था। वह दूसरी ओर चला गया कहते हुए कि चलो उतार दो किसी और ट्रेन में आगे की यात्रा करेंगे। गाड़ी तुम्हारे बाप की है क्या ?

वह महिला उसी टी. टी. को अपने पति की बहन बताकर अपना आक्रोश व्यक्त कर रही थी।

संबंध भी किस–किस तरह परिभाषित होने लगे हैं?

मैं उस महिला के वाक्य में उसका दर्द समझूँ कि पति की बहन के प्रति उसका विद्वेष भाव?

सोचते–सोचते मेरे हाथों ने दस रुपये का नोट उसकी ओर बढ़ा दिया– "ले जाओ रिक्शा कर लो, मुझे भी इन बच्चों की बुआ समझ कर।"

मैं तेजी से आगे बढ़ गई वह आवाज देती रह गई– "अरे बहिन जी!"

46. मकान

एक वृद्धा माँ रो–रो कर कह रही थी– "बेटा! मुझे अपनी रोटी की चिंता नहीं है, मैं तो कैसे भी काट लूँगी। पर तेरे पिताजी जीवन भर ठाट से रहे हैं, उनके लिए चिंता है। यह घर बेच दूँगी तो कैसे खर्च चलेगा? इसके किराये से ही तो हमारा पेट चल रहा है। आखिर है तो तुम्हारा ही जैसा चाहे वैसा रखना। वैसे भी इसमें तुम्हारे बाबा–दादी की आत्मा बसी है। हमारे लिए बेंचना कठिन है। इसी में उन्होंने प्राण छोड़े हैं। इस घर से हमारी बहुत सी यादें जुड़ीं हैं। इसी में मैं बहू बनकर आई, इसी में तुम्हारे जन्म का उत्सव हुआ। ना बेटा ना! हम यह घर नहीं बेंच पाएँगे।"

बेटा मनुहार के स्वर में बोला– "माँ तुम समझने की कोशिश करो हम इसे बेचकर नया फ्लैट खरीद लेंगे। उसमें सारी सुख सुविधाएँ होंगी। साफ–सुथरा होगा। आप दोनों हमारे साथ रहेंगे। क्या हम आपको खाना नहीं देंगे? कैसी बात कर रही हो माँ ?"

माँ ने चुपचाप अपने आँसू पोंछ लिए। धीरे से बोली– "बेटा ! हम बहू को और कष्ट नहीं देना चाहते। इतने दिन साथ रहकर जो कष्ट उसे दिया उसके लिए क्षमा चाहती हूँ। जाओ सुखी रहो। हमारे मकान में हमें अपना शेष जीवन बिता लेने दो, यही प्रार्थना है।"

माँ का गला भर आया था।

वह उठकर भीतर चली गई।

47. परीक्षा

इन्द्रसेन जी पूजा कक्ष में बैठे ध्यान मग्न थे।

मन ही मन बुदबुदा रहे थे– "ईश्वर ! तेरी इच्छा ही मेरा भोग है। पर जितने दुःख मेरी झोली में तूने डाले हैं उन्हें सहने की शक्ति भी देते रहना।"

लोग बाहर बातें कर रहे थे– "भगवान भी भले लोगों को ही सबके हिस्से का दुःख देता है। वह भी जानता है यह चुपचाप झेल लेगा।"

"जो भगवान को नहीं मानते। बुरे कर्म करते हैं वे आनंद कर रहे हैं। पत्नी ही तो इनका सहारा थी उसे भी भगवान ने उठा लिया, एक अपाहिज संतान है उस पर भी भगवान को दया नहीं आई। यही कलयुग की माया है।"

अब देखिए इस बुढ़ापे में इन्हें अकेला कर दिया।

इंद्रसेन जी पूजा से उठकर आ रहे थे उनके कानों में यह वाक्य पड़ा।

वह बोल उठे– "अरे भाई, परीक्षा तो अपनों की ही ली जाती है। जो उन्हें मानते नहीं, वे परीक्षा देगें ही नहीं। तो उनसे क्यों परीक्षा लें भगवान? उन्हें परीक्षा के योग्य वे मानते ही नहीं।"

48. बोधिसत्व

वृक्ष के नीचे उदास बैठा वह संत गेरुए वस्त्र नहीं पहने था। पर उसके चेहरे का तेज उसे संत कहने के लिए सबको प्रेरित कर रहा था। उसकी आँखों में असीम करुणा थी जो वह बिखेर रहा था। गाँव वाले धीरे–धीरे पास आ गए। बच्चों से पहले ही वह घिरा था। चेहरे पर सफेद दाढ़ी थी सिर पर सफेद बाल।

उसकी आँखें गाँव के हर आदमी में पहचान के चिह्न ढूँढ रही थी। एक अधेड़ व्यक्ति के माथे का बड़ा मसा देखकर उसकी आँखों में पहचान के डोरे चमके ओठों पर अस्फुट शब्द फूटे– "सूरज!"

सूरज अचकचा उठा। यह तो उसके पिता की आवाज है। वह पिता जो पच्चीस वर्ष पहले अपने ही घर में अपमानित होकर घर छोड़कर चले गए थे। उन्होंने केवल दो पंक्तियाँ लिखकर छोड़ी थी... "सूरज! मुझे ढूँढने की कोशिश मत करना यही समझ लेना कि मेरी मृत्यु हो गई है क्योंकि अपने बच्चों की उपेक्षा और अपमान का दंश मृत्यु ही है।"

आज वही पिता लौटकर आए थे और पीपल के वृक्ष के नीचे बोधिसत्व की तरह बैठे थे।

सूरज पिता के चरणों पर गिरकर फूट–फूटकर रो रहा था।

"पिताजी! मैंने आपको कहाँ–कहाँ नहीं ढूँढा था। आपके जाने के बाद मैने अपनी निर्मम पत्नी और उसके तुच्छ विचार वाले माता–पिता की मानसिकता को समझा। मुझे क्षमा कर दीजिए पिताजी!" कहते–कहते वह पिता के चरणों पर गिर गया।

थोड़ी ही देर में सूरज को लोगों ने उठाया। जिन चरणों को वह अपने आँसुओं से धो रहा था। वह चरण नहीं थे मिट्टी बन चुके थे जो अपनी जन्मभूमि की मिट्टी में मिलने के लिए यहाँ चलकर आ गए थे।

शायद बेटे के पश्चाताप् को कम करने के लिए उसे पिता की अंत्येष्टि का अधिकार देने के लिए वे वापस लौट आए थे।

49. पढ़े–लिखे

मनोहर बाबू अपनी पत्नी से चहकते हुए बोले– "दूसरे घर की पढ़ी–लिखी बहू आई है, जरा उसकी सुख–सुविधा का ध्यान रखना।"

सुमित्रा मुस्कराकर बोली– "मुझे सिखाने की जरूरत नहीं है।"

एक महीने तक बहू की आवभगत होती रही, आँखों की पुतली बनाकर परिवार ने रखा। पर उसकी आलसी प्रवृत्ति और अल्लह–विल्लह रहने की आदत से संयुक्त परिवार के अन्य सदस्यों में टीका–टिप्पणी होने लगी।

सास को भी लोगों की टिप्पणी सच लगी पर घर की इज्जत का सवाल था। परिवार में सबके लिए प्राण–प्रण से खड़ी रहने वाली सुमित्रा की हार्दिक इच्छा थी कि बहू सबके प्रति सम्मान और सेवा का भाव रखे।

नौकर–चाकर घर में थे ही, केवल भाव प्रकट करने की बात थी।

उन्होंने प्यार से बहू को अंक में भरते हुए समझाना चाहा– "बेटी! तुम इस कुल का गौरव हो। किसी को अँगुली उठाने का मौका मत देना। मेरी कोई बात नहीं, मुझसे अधिक दादी माँ, ताई सास, चाची सास और उनके बच्चों का ध्यान रखना। उनकी बहुएँ मेरा बहुत आदर मान करती हैं। तुम अपनी जेठानियों से गाँव के समाज का व्यवहार सीख लो। गाँव में रही नहीं हो इसलिए कह रही हूँ।"

इतना सुनते ही दूसरे घर की बेटी का पारा चढ़ गया। वह बेतुके स्वर में बिफर उठी– "मैं क्यूँ सीखने जाऊँ अनपढ़ गवाँर औरतों से? मै पढ़ी–लिखी हूँ, कुछ सीखना हो तो वे मेरे पास आएँ।"

सुमित्रा देवी आश्चर्य चकित रह गई। यह उत्तर उनके जैसी संस्कारों में पली स्त्री के लिए चाँटे जैसा था। पर उन्होंने संयम नहीं छोड़ा चुपचाप उठकर चली आई।

मन उद्वेलित था किसी के सामने जाने का मन नहीं था।

दो मिनट भी नहीं बीते होंगे कि फोन की घंटी बजी।

उन्होंने न चाहते हुए भी फोन उठाया, वाणी को उद्वेलित होने से रोकते हुए "हेलो" कहा।

उधर से आवाज आई– "आपने मेरी बेटी को अपमानित किया, वह बहुत अपसेट है। हमारी सुयोग्य पढ़ी–लिखी बेटी को आप अनपढ़ों से शिक्षा लेने को कहें तो उसका दुःखी होना स्वाभाविक है, भविष्य में ध्यान रखिएगा।"

सुमित्रा देवी की सौहार्द संबंधों की अपनत्व की चाह उनके भीतर आर्तनाद कर उठी।

वे हताश लुटी सी बैठी रह गईं।

पर कानों में माँ जी का श्लोक पाठ पड़ते ही उनकी जिजीविषा लौट आई।

उनकी सास गीता पाठ कर रही थीं–

"सुखे–दुखे समेकृत्वा लाभालाभो जया जयो।"

50. माँ का टूटना

मनोज की आँखों में आँसू थे, वाणी अवरुद्ध थी।

वह माँ पर झुँझला उठा था– "कुछ न कहो माँ! मैं अपने जीवन से तबाह हो गया हूँ।"

माँ ने समझाने की कोशिश की– "बेटा! हर परिस्थिति में अपना संयम और विवेक बनाए रखना ही मनुष्य की पहचान है, सब ठीक हो जाएगा।" मनोज को माँ के इन उपदेशों से अब चिढ़ होने लगी थी।

क्या मिला माँ को अपने विवेक और सहनशीलता के आदर्श से?

जीवन भर सबके लिए खटती रही, सबका सहती रहीं।

परिवार के छोटे, बड़े सबने उनकी सदाशयता का लाभ उठाया और जिसके मन में जो आया उन्हें कहता भी रहा। हर व्यक्ति जानता है कि वह बुरा नहीं मानेंगी, मान भी जायेंगी तो उन्हें मना लेना आसान है।

पर अब माँ के आँसुओं ने और उसके चेहरे की कातरता ने मनोज को यह एहसास करा दिया था कि माँ अब टूटती जा रही हैं। उसने सबका सह लिया था इस आशा में कि उसके अपने बच्चे सम्मान देंगे, पर कहाँ दे पाए ये भी?

क्यों इतना विवश हो गया मनोज कि माँ का टूटना देखता रहा और माँ की खुशी के लिए उन्हें दो शब्द भी नहीं दे सका।

आज माँ को देखकर लगा कि वह बहुत तेजी से वृद्धा होती जा रही हैं और वह माँ को असहाय सा मृत्यु की ओर बढ़ते देख रहा है।

वह इतना ही बोल सका– "माँ! तुम अपना हाथ अब समेट लो। अपने लिए भी जी लो।"

माँ मुस्कराई– "अब कितने दिन?" और बेटे की गोद में सिर रखकर फफक उठी थी।

51. अनब्याही बेटी

सयानी बेटी अनब्याही बैठी है। मुकुन्द बाबू को रात–दिन बेचैनी है। बेटी प्रतिभा संपन्न है। बेटी बहुत रूपसी न भी कहें तो भी सुन्दर है, सुशील है। पर दहेज की विभीषिका इसके लिए सुयोग्य वर पाने में बाधक है।

मुकुन्द बाबू नौकरी से जितना पाते रहे परिवार को चलाने में ही किसी तरह खर्च पूरा होता रहा।

पूँजी कहाँ से जुटाते? अपने ही नहीं भाइयों के बच्चों को भी पढ़ाने लिखाने में सहायता करते रहे। माता–पिता गाँव में रहते थे। उनकी जरूरतें दवा आदि प्रबन्ध भी उन्हें देखना ही था।

छोटे भाई ने अपनी बेटी का ब्याह तय कर दिया जो इनकी बेटी से उम्र में छोटी थी।

चिट्ठी आयी थी– "भइया! गुंजन की शादी तय कर दी है। लड़का प्राइमरी स्कूल में मास्टर है। हमारी हैसियत इससे ज्यादा की नहीं है। यह लोग भी बहुत अनुनय–विनय के बाद माने हैं। एक मोटर साइकिल देनी ही पड़ेगी। बाकी खाने–पीने का इंतजाम तो मैं कर लूँगा। मोटर साइकिल मेरे बस की नहीं है यह आप ही के भरोसे हामी भर आया हूँ।"

"बाबू कह रहे थे कि पहले रंजना की शादी होनी चाहिए। पर भइया! रंजना तो पढ़ी लिखी है, शहर में है, उसके लिए तो आप उसके अनुरूप वर देख रहे होंगे। पता नहीं कब तय हो पाए। गुंजन गाँव में है। उसके बाद की लड़कियों के हाथ पीले हो गए। गाँव में लोग बेटी के सयानी होते ही विवाह में देर होते देख तरह–तरह की बातें करने लगते हैं।"

"भइया! अगले महीने ही तारीख पक्की हुई है। आप को पचास हजार रुपये का इंतजाम तो अपनी इस दुलारी बेटी के लिए करना ही होगा।"

सुनकर मुकुन्द बाबू की आँखों के आगे अँधेरा घिर आया था।

"जी.पी.एफ. का पैसा लगभग इतना ही तो होगा। उसे निकाल लूँ तो रंजना के लिए क्या करूँगा?"

वे बेंच पर बैठे–बैठे ही ऊँघने लगे।

सपना आया–गुंजन की जगह रंजना दुल्हन बनी बैठी है, मण्डप में प्राइमरी स्कूल का अध्यापक लड़का उसकी माँग में सिंदूर डाल रहा है। उसका बाप आकर कहता है– "ठहरो ! मोटर साइकिल का पैसा मिल जाएगा तभी सिन्दूर दान होगा।"

वे जग जाते हैं। वहाँ कुछ नहीं है। बेंच पर वह अकेले बैठे हैं। उनकी पूरी देह पसीने से और आँसुओं से नहाई हुई है।

52. किलकारी

नन्हा मनीष किलक–किलक कर बाबा की गोद में आने को मचल रहा था। उसकी माँ उसे बाँहों में जकड़ कर उसका मुख दूसरी ओर घुमा रही थी। बच्चा रोने लगा था। माँ उसे जबरन लेकर भीतर चली गई।

अभी कल सायंकाल मानस बाबू ने अपनी बहू की वार्ता आकाशवाणी पर सुनी थी। उनकी पुत्रवधू मनोचिकित्सक है। वह सबको सिखाया करती है। बच्चे की इच्छा के विरूद्ध कार्य नहीं करना चाहिए। बच्चे पर अपने विचार नहीं लादने चाहिए। वह स्वतः सीखता है। उसे सीखने में केवल मदद करनी चाहिए।

मानस बाबू की गलती यही है कि वह बच्चे को कुछ न कुछ सिखाते रहना चाहते हैं।

मनीष उनकी आँखों का तारा है।

पर उसकी माँ बुजुर्गों को केवल दकियानूस ही समझती है। इसलिए बुजुर्गों के पास बच्चे को फटकने भी नहीं देती। एक तो पुराने ख्यालों के प्रभाव से बचाने के लिए दूसरे किसी इन्फेक्शन के डर से। बड़े–बूढ़े खाँसते रहते हैं, पता नहीं किसको क्या बीमारी हो।

मानस बाबू बहू के व्यवहार से दंशित तीर लिए चुपचाप बैठे थे।

तभी उनका भाँजा और उसकी बहू फाटक खोलकर अंदर आए।

वे अमेरिका से एक सप्ताह के लिए अपने माता–पिता से मिलने आए थे।

परसों की फ्लाइट से वापस जाना है। भारत आए हैं तो सभी रिश्तेदारों से मिलने का मन है।

दोनों ने मानस बाबू के चरण स्पर्श किये, गोद के बच्चे से भी करवाया।

बच्चा बहुत प्यारा था, गोद लेने का मन हुआ पर अपनी बहू का व्यवहार याद कर सहम से गए।

यह तो अमेरिका में रहती है, यह तो और बचाती होगी अपने बच्चे को।

मानस बाबू कुछ बोले नहीं।

बहू ने बच्चे को उनकी गोद में डालते हुए कहा– "आप इसे आशीर्वाद दीजिए, आपकी तरह अच्छे विचारों वाला बने।" मानस बाबू की आँखें तरल हो गईं। वह गोद के बच्चे को विह्वल होकर चूमने लगे।

वह बुदबुदाते जा रहे थे– "बेटा! दीर्घजीवी हो, यशस्वी हो, प्रभु तुम्हारा मंगल करें।"

मानस बाबू को महसूस हुआ कि वह इस बच्चे के साथ–साथ अपने पोते को भी आशीष दे रहे हैं।

उनकी अपनी बहू भी अमेरिकन रिश्तेदार के स्वागत में बाहर आई थी। अतिथियों की सहजता उसे बनावटी और दिखावटी लगी थी।

दूसरे दिन पड़ोसन से वह कह रही थी– "जो गँवार हैं, वे गँवार ही रहते हैं चाहे अमेरिका में रहें, चाहे लंदन में।"

मानस बाबू को सुनाकर यह बात कही गई थी।

53. वानप्रस्थ

अविनाश बाबू ने घर गृहस्थी से एक प्रकार से संन्यास ने लिया था। पत्नी को बार–बार प्रेरित करते– "सुधा! तुम भी यह सब माया जाल छोड़ो अपना मन एकाग्र करो ईश्वर में, यही परम सुख है।"

पर सुधा उनकी बात को हवा में उड़ा देती– "छोड़ो जी! मेरा तो घर परिवार ही बैकुण्ठ है। अपनी फुलवारी देखकर खुश होने की जगह तुम उदासीन हो गए। अरे! बाल–बच्चों के बारे में सोचो। जितना कर सकते हो अभी और कर दो। इनका सुख ही हमारा तीर्थ है। चारों धाम इसी घर में ही मान कर चलो।"

पर आज सुधा चुपचाप आकर पति के पास बैठ गई थी। अविनाश बाबू समझ गए कि आज सुधा अधीर है।

वे स्वयं पूछकर उसे और अधीर नहीं बनाना चाहते थे। पर उसे हल्का करना भी जरूरी था। धीरे से उनकी हथेलियों को हाथ में लेकर बोले– "खाना खा लिया?"

सुधा उनकी गोद में अपना मुँह छिपाकर सुबक उठी। उसकी पूरी देह दुःख के आवेग से हिल रही थी। पति का हाथ उनकी पीठ सहला रहा था।

आवेग आँसुओं में बह गया तो सिर उठाकर बोली– "तुम ठीक कहते हो, मुझे इस मायाजाल से निकल जाना चाहिए। बच्चे अब समर्थ हो गए हैं। हमारा यहाँ रहना न रहना कोई अर्थ नहीं रखता। कहकर फिर रो पड़ीं।"

अविनाश बाबू की निश्छल मुस्कान दीप्त हो उठी। बोले– "ऋषियों ने चार आश्रम इसीलिए बनाए थे। जब कर्त्तव्य पूरा हो जाए तो वनवास ले लो।"

54. नर्स

संजीव जी लड़ रहे थे स्वयं से भी और अपने सिद्धांतों के प्रति जुड़ी आस्था से भी। कितना तप किया, संयम से जीवन यापन करते रहे। भगवान से रू–ब–रू बात करते हैं संजीव बाबू, ऐसा लोग कहते थे।

पर उन्हें क्या सुख मिला? जीवन भर लोग उन्हें ठगते रहे। लोग तो पराये थे पर संजीव जी ने जिन्हें अपना बनाया था, वे भी काम निकल जाने पर धीरे–धीरे किनारा कर गए।

जो अपने थे, वे अपने होने के सारे लाभ लेते रहे पर जब देखा कि अब इन तिलों में तेल नहीं रह गया, अब केवल सेवा और जिम्मेदारी ही हाथ लगेगी। अतः अब वे भी परायों से भी अधिक परायों की भाषा ही बोलने लगे थे, व्यवहार भी बदल गया था। जानते थे उनके पास जो कुछ भी है आखिर उन्हीं लोगों को तो मिलेगा।

संजीव जी पत्नी को दवा खिला रहे थे। हाथ काँप गया, दवा गिर गई। पत्नी ने निरीह आँखों से पति को देखा। किसी को बुला लिया होता, अब आपका हाथ काँपता है।

संजीव बाबू को चोट लगी। मेरी कमजोरी लोग देखने लगे हैं। जिन हाथों पर कर्मठता का विश्वास था, वही हाथ अब काँपने लगे हैं। लगता है मन की आशंका शरीर पर प्रभाव डालने लगी है ? कौन देखेगा मेरी बीमार पत्नी को ? अभी तक तो अपने ऊपर भरोसा था। सोचते थे पत्नी को असहाय छोड़कर नहीं मरूँगा। पर अब भविष्य काले अँधेरे सा सामने खड़ा था।

शाम को पत्नी की तबीयत बहुत बिगड़ गई। पैरालिसिस का अटैक था। पड़ोसियों की सहायता से अस्पताल ले गए।

एक सप्ताह के बाद कुछ खाने पीने लायक हो सकीं। पर किसी और के हाथ से ही खा सकती थी बहुत देर में।

डॉक्टरों ने कहा– "अब आप इन्हें घर ले जा सकते हैं ।"

संजीव जी सहम गए– ''डॉक्टर साहब! हमारे घर में इनकी देख रेख करने वाला कोई नहीं है। क्या कुछ दिन और इन्हें अस्पताल में नहीं रख सकते ? डॉक्टर ने कहा– ''नहीं सर! अस्पताल के कुछ निगम हैं। अधिक जरूरतमंद रोगियों के लिए हमें जगह रखनी पड़ती है। ''

संजीव जी के चेहरे पर घोर निराशा देखकर एकाएक डॉक्टर को लगा कि मुझे इनकी सहायता करनी चाहिए। डॉक्टर को उस नयी–नयी आयी भोली–भाली नर्स का चेहरा याद आया जो कई दिनों से हास्टल में जगह न मिल पाने से परेशान थी।

डॉक्टर ने संजीव जी से पूछा– ''क्या आप एक नर्स को अपने घर में रहने के लिए व्यवस्था कर सकते हैं ? यदि ऐसा करें तो माँ जी की सेवा भी हो जायेगी और उसकी भी समस्या दूर हो जायेगी।

संजीव जी ने हामी भर दी। डॉक्टर ने शुभा को आवाज दी। परिचय कराया और शुभा संजीव जी के घर रहने लगी।

शुभा अत्यंत मिलनसार, परिश्रमी और सेवा परायण थी।

धीरे–धीरे उसने रसोई और रोगी दोनों को सँभाल लिया। वृद्ध संजीव जी के भी हाथ की मालिश और इलाज करने लगी। डॉक्टर ने तय कराया था कि इन्हे आप पाँच सौ रुपये दे दीजिएगा।

शुभा ने रुपया लेने से इंकार कर दिया। उसने संजीव दंपत्ति में अपने मृत माता–पिता को पा लिया था। वह बोली– "कहीं बेटी माता–पिता की सेवा का मूल्य लेती है।" उल्टे उसने कहा कि आपको कमरे का किराया और भोजन का खर्च मुझसे लेना होगा।

दंपत्ति की आँखों से झर–झर आँसू झरने लगे– "बेटी क्या किसी माता–पिता ने बेटी से खाने–रहने का खर्च लिया है?"

उन्होंने कहा– "बेटी! तप और सत्य साधना व्यर्थ नहीं होती। तुम हमारे तप का फल हो, सुखी रहो, रोम–रोम से तुम्हारे लिए आशीर्वाद झर रहा है।"

शुभा ने भाव विह्वल होकर अपना सिर उनकी गोद में रख दिया।

55. मातृत्व

रहमान ने गुलबदन की तबीयत ज्यादा बिगड़ते देखी तो घबड़ा गया। बेटा सपरिवार बगदाद में था। वह लगातार फोन लगाता रहा पर मिला नहीं।

साल भर से कैंसर से लड़ रहीं थी गुलबदन और उसको बचाने के लिए जी जान से जुटा था रहमान।

कल कीमियोथेरेपी के बाद डॉक्टर ने कह दिया था कि दस–दस हजार के इंजेक्शन लगेंगे, लगवा सको तो कोशिश कुछ और की जा सकती है। लेकिन यह इलाज बहुत खर्चीला है।

डॉक्टर ने उसकी माली हैसियत जानने के लिए पूछा था– "आप क्या करते हैं? आप के बच्चे कहाँ हैं?"

वह बोला– "एक बेटा है डॉक्टर साहब! पराये मुल्क में हैं। पराये मुल्क में जाकर वह भी पराया हो गया है। मैं तो मोटर मैकेनिक हूँ। गाँव में जो जमीन–जायदाद थी, बीबी के कहने में आकर बेंच कर बेटे को पढ़ाने–लिखाने में खर्च कर दिया। अब वही बीमार पड़ी है और कोई पूछने वाला नहीं है। मेरे पास जो जमा पूँजी थी, सब खर्च हो चुकी है।" कहकर वह फूट–फूटकर रोने लगा। डॉक्टर ने उसकी पीठ पर हाथ रखकर दिलासा दिया था।

गुलबदन की कराह तेज होने लगी थी। उसने रोते हुए कहा– "एक बार और फोन लगा दो, शायद लग ही जाए।"

रहमान ने फिर से कोशिश की और फोन की घंटी बजने लगी। उधर से बेटे की आवाज आई– "हेलो! हेलो! अब्बू! मैं अकरम बोल रहा हूँ।"

रहमान का गला रुँध गया था। बोला– "अपनी अम्मी से बात कर लो।"

अम्मी बोली– "बेटा! क्या मैं अपने बेटे–बहू और पोते–पोतियों का मुँह नहीं देख पाऊँगी। लग रहा है कि मेरा आखिरी वक्त आ गया है। तुम लोगों को देख लूँ तो मन को चैन आए और शायद मुझे जन्नत मयस्सर हो जाए। कहते हैं कि जिसकी रूह बेचैन रहती है उसे दोजख में जाना पड़ता है। तुम

पर भी अपने माँ–बाप का कर्जा है जो तुम हमारी सेवा करके उतार सकते थे लेकिन...... ।''

इतना बोलते–बोलते वह हाँफने लगी थी। रहमान ने फोन उसके हाथ से ले लिया। बेटे की आवाज सुनी– "अम्मी! अम्मीजान! क्या हुआ आपको? बोलिए न?" उत्तर रहमान ने देना चाहा पर फोन कट गया। शायद फोन में पैसा खत्म हो चुका था।

अबकी उधर से फोन आया। रहमान फोन लेकर थोडी दूर जाकर बोला– ''बेटा! डॉक्टरों ने जवाब दे दिया है। आगे महँगा इलाज चलाना पड़ेगा तभी कुछ दिन और चल पायेंगी। लेकिन मेरे पास अब कुछ नहीं है... ।"

"अब्बू मैं जल्दी ही आ रहा हूँ।"

अकरम आया। माँ की आवाज बंद हो चुकी थी। आँखें खुली थीं जैसे उसी का इंतजार हो। निगाहें कुछ और ढूँढने लगीं। अकरम समझ गया कि मेरे परिवार की तलाश कर रही हैं माँ की आँखें।

अकरम माँ का सिर अपनी गोद में रखकर बैठ गया। माँ के मुख में आबे जमजम (मक्का मदीना का पवित्र जल) चम्मच से डालने लगा। उसका मन हुआ कि अपना सिर माँ की गोद में रखकर सो जाए। मैं सोता था तो माँ की अँगुलियाँ मेरे सिर को सहलाती थी।

उनकी अँगुलियों से झरती वह ममता पाए हुए लगता है युग बीत गया।

और अब शायद आगे भी माँ मुझे नहीं सहला पायेगी।

तभी उसे लगा कि माँ की अँगुलियाँ हिल रही हैं और आँखें छाती से लग जाने को कह रही हैं। वह माँ की छाती से लग गया। माँ की अँगुलियों ने आखिरी बार उसकी पीठ सहलाई और शांत हो गई।

अकरम को लगा कि माँ ने उसे माफ कर दिया है।

56. दाँव

सुषमा जी को आज भी बीते दिनों का एक–एक लमहा याद है। जिस दिन उन्होंने एक अनजान बच्चे को गोद लिया था।

सबने लाख कहा कि अपने नाते, रिश्ते, परिवार के किसी अपनी जाति के बच्चे को गोद लीजिए पर वह अड़ी रहीं।

वह चाहती थी ऐसे बच्चे को लूँ जिसका कोई और न हो।

इस प्रकार वह समझ रही थी कि एक पुण्य का कार्य होगा किसी अनाथ बच्चे का भविष्य बनाने से। दूसरा उनका यह भी विचार था कि नाते रिश्ते परिवार का बच्चा लेने पर उसके माता–पिता उसकी परवरिश पर हस्तक्षेप या टीका टिप्पणी कर सकते है जो बच्चे के व्यक्तित्व विकास में रोड़ा बन सकता है।

सबने मुँह फुला लिया था।

केवल पड़ोसी और मित्र आए थे।

कुछ ऐसे रिश्तेदार भी खुशी–खुशी आए थे जिन्हें इसे गोद लेने के कार्यक्रम से कुछ फर्क नहीं पड़ने वाला था।

उन तमाम रिश्तेदारों, परिजनों के कलेजे पर साँप लोट गया था जो निःसंतान दंपति की अथाह संपत्ति पर आँख लगाए थे।

कितने ही स्वेच्छा से अपना बच्चा गोद देने का प्रस्ताव भी कई तरीकों से भिजवा चुके थे।

उस दिन बहुत बड़ा जलसा हुआ था, दावत हुई थी। ब्राह्मणों का भोज पहले हुआ था फिर अन्य आगन्तुकों का।

मँगतों–भिखारियों को भोजन पहले ही कल बाँटा गया था।

पालने में पड़ा गोल–मटोल नन्हा शिशु अपने जन्म के दुर्भाग्य और गोद लिए जाने के सौभाग्य से अनभिज्ञ चुपचाप सो रहा था।

दिन बीतते गए। लोगों के जख्म नहीं भरे।

बच्चा होनहार निकला जितना ही देखने में सुदर्शन उतना ही विचारवान और योग्य।

पढ़ाई पूरी करते–करते अच्छी नौकरी भी मिल गई।

अपने सुयोग्य बेटे के लिए सुयोग्य पुत्रवधू की कामना, सुषमा के हृदय में गुदगुदी पैदा कर देती।

जहाँ भी कोई सुंदर कन्या देखें उसके बारे में पूछताछ करना शुरू कर देतीं।

उनके पति अनिरुद्ध जी चिढ़ाते थे– "अब हर कन्या में तुम अपनी बहू के गुण तलाश करने लगती हो। कितनी शादियाँ करोगी अपने एकलौते बेटे की?"

सुषमा आँखें तरेर कर कहतीं– "चुप रहिए जी! आप मेरी मदद तो करेंगे नहीं, खिल्ली जरूर उड़ाते हैं।"

अनिरुद्ध जी कान पकड़कर कहते– "माफ करो देवी जी! हाँ तो बताइए मैं आपकी बहू ढूँढने में कैसे मदद कर सकता हूँ ?"

सुषमा मुस्कराती– "हाँ, अब रास्ते पर आए।"

गोद के प्रकरण में निराश रुष्ट संबंधी परिजनों में फिर एक बार सुगबुगाहट हो गई।

"देखें कौन करता है शादी अपनी जाति का?" एक स्वर यह उठने लगा।

दूसरा स्वर उठ रहा था– "अरे कंचन में सभी अवगुण छिप जाते हैं। इतनी बड़ी संपत्ति का एकलौता वारिस है जाति–पाँति से क्या होता है ? जाने किसकी कन्या के भाग्य में राजयोग है ?"

कुछ ऐसे भी थे जो भीतर ही भीतर कुचक्र रच रहे थे कि इस शादी में उनको ऐसी पटकनी मिले कि जन्म भर याद करें और रोयें।

ऐसे लोग अधिक सक्रिय हो गए पर प्रत्यक्ष रूप से नहीं परदे के पीछे से।

एक सुंदर सुशील दिखने वाली कन्या का चयन किया सुषमा अनिरुद्ध ने और आनन–फानन में विवाह कर दिया।

सुषमा से अनिरुद्ध जी ने मुस्कराकर कहा– "अक्सर सास–बहू में ही लड़ाई के किस्से सुनने में आते हैं, ससुर–बहू में नहीं। अब मोर्चा तुम्हे सँभालना है।"

सुषमा जी ने भी ठहठहाती हँसी हँस कर कहा– "देखिएगा, कोई अँगुली भी नहीं उठा पाएगा। मैं अपनी बहू को बेटी की तरह रखूँगी तो लड़ाई का तो प्रश्न ही नहीं उठता।"

पर सुषमा जी का शीशे सा साफ दिल पहले दरका, फिर चूर–चूर हो गया।

एक दिन बहू ने कुछ सिखाने का प्रयास करती हुई अपनी सास से कहा– "आप क्या मुझे सिखायेंगी? आप लोगों के बारे में भी आपके रिश्तेदारों ने हमे सब बता दिया है।"

सुषमा के साथ अनिरुद्ध जी भी यह वाक्य सुनकर अवाक् थे।

वे समझ गए कि आखिर स्वार्थी परिजन दाँव खेल ही गए।

पता लगा कि बहू उनके परिजनों के रिश्तेदारी की है और उनकी नाक में दम करा देने की गरज से ही इस शादी के प्रेरक उनके रिश्तेदार ही परदे के पीछे थे।

57. संस्कार

अपर्णा सोच–सोचकर थक गई थी।

वह कैसे समझाये अपनी बेटी को? कहाँ से ऐसा संस्कार लाई वह? उसने तो कभी नहीं दिए ऐसे संस्कार। अपने आचरण से अपने बच्चों को सद्‌भाव–स्नेह–सदाचरण की दीक्षा देने में लगी रही वह जीवन भर।

लोग उनकी प्रशंसा करते न थकते। लोग अपने बच्चों को उनके पास भेजते हुए कहते थे– "आपके पास रहकर कुछ सीख जायेंगे।"

उनका घर भरा रहता था। कभी किसी रिश्तेदार के बच्चे तो कभी मित्रों के। जाने कितने बच्चे उनके पास रहकर पढ़ते–लिखते रहे। जाने कितने अपने कैरियर की तलाश में उनकी शरण में आए, उनका मार्गदर्शन पाते रहे। उनके आशीर्वाद को अपना पाथेय मानकर वे आज संपन्न जीवन बिता रहे हैं और उन्हें कृतज्ञ भाव से स्मरण करते रहते हैं।

वह गद्‌गद् भाव से उनकी सफलता पर पुलकित होती थीं। उन्हें लगता कि वे सभी मेरे अपने हैं। इतने सारे आत्मीयों के सुख–दुःख से भीगती सिहरती हुई वह जिन्दगी को प्यार करती हुई जी रही थीं।

पर अपनी ही बेटी के स्वभाव में अचानक आ गए परिवर्तन से वे हतप्रभ थीं। वह अपने से बड़ों का सम्मान करना तो दूर रहा अपमानित करने के अवसर ढूँढने लगी थी। भाइयों से प्रतिद्वंदिता रखने लगी थी। बात–बात पर अपने पिता की आलोचना करने लगी थी।

माँ के व्रत, त्योहार, पूजा से तो उसे चिढ़ ही हो गई थी। पूजा की आरती में शामिल होने को कौन कहे हाथ भी नहीं जोड़ती थी। प्रसाद का तिरस्कार करने लगी बेटी। समझाने–बुझाने का उस पर कोई असर नहीं हुआ।

अपर्णा का मन विचलित होने लगा। वह हताश होने लगी। क्या करें? अपनी बेटी के स्वभाव की चर्चा करके अपना दुःख भी किसी से नहीं कह

सकती थीं। मन ही मन घुलती जा रही थीं। बेटी विवाह योग्य हो रही थीं। अब वह घर आने–जाने वालों का भी तिरस्कार करने लगी थी। किसी मेहमान के आने पर जब उसे बुलाया जाए तो आने से मना करने लगी। इस अशोभन स्थिति से बचने के लिए अपर्णा ने उसे बुलाना ही छोड़ दिया। पर वह एक संयुक्त परिवार था जिसमें रिश्तों के भी रिश्तेदार आते रहते थे। बात कैसे छुप सकती थी?

बेटी पिता की लाडली थी पर उसके अवांछित व्यवहार से वह भी दुखी थे।

एक दिन अपर्णा बेटी के कमरे की सफाई करने लगी। चारों ओर बिखरे कपड़े, धूल से भरे समान। सफाई करते–करते उन्हीं पुस्तकों की धूल झाड़ने लगीं तो देखा सारी पुस्तकें नारी मुक्ति आंदोलन, वीमेन लिव से संबंधित थीं। तमाम छपे हुए भाषण थे जिसमें पुरुष को प्रतिद्वंदी, क्रूर, स्वार्थी के रूप में प्रस्तुत करके तरह–तरह के उदाहरण दिए गए थे। संयुक्त परिवार को अष्टपद (आक्टोपस) सिद्ध किया गया था जो अपनी पकड़ के कारण व्यक्तित्व का विकास नहीं होने देता। सारे विचार पुरातन परंपराओं को तोड़ने वाले थे। धर्म, पूजा, पाठ को आडम्बर और विकास में बाधक कहा गया था। ईश्वर के अवतारों के चरित्र को कुत्सित ढंग से प्रस्तुत किया गया था। देश की अवनति का एक मात्र कारण धर्म को बताया गया था। अपर्णा को ऐसी अनर्गल बातें पढ़ने में भी कष्ट होने लगा। उन्होंने अपनी आँखें मूँद ली।

अब अपर्णा के सामने दूसरी समस्या थी। इस गहरे नशीले प्रभाव को कैसे दूर करूँ ? यह विचारों के शीशे का एक पहलू है, ऐसा उसे बताना और समझाना तो आग में घी डालना होगा।

अपर्णा को लगा– "क्या हमारे संस्कारों में अब वह शक्ति नहीं रह गई, या अब हम उसे ठीक ढंग से दे नहीं पा रहे हैं? अथवा हम उन संस्कारों की शक्ति पर भरोसा करके आँखें मूँदे बैठे रह गए। कमी कहाँ रह गई ? पर यह सिर थाम कर बैठने का समय नहीं है, मुझे ही कुछ करना होगा।"

58. ध्यान

विजया को हरिद्वार शांतिकुंज आये एक सप्ताह बीत गया था। उम्मीद थी कोई बुलाने नहीं आएगा तो फोन तो आएगा ही। शांतिकुंज का फोन नंबर वहाँ डायरी में ऊपर ही बड़ा–बड़ा उन्होंने चुपके से लिख दिया था। बेटे से यह उम्मीद नहीं थी कि बहू की बातों पर विश्वास कर बेटा भी माँ को दोषी मान लेगा और चुपचाप माँ के वानप्रस्थ को स्वीकार कर लेगा।

आखिर उनकी गलती ही क्या थी?

बस यही हुआ था कि बहू की सहेली आई थी, उसके लिए चाय बनाने में तनिक सी देर हो गई। क्योंकि उनकी बचपन की मित्र दिव्या जी हरिद्वार से उनसे मिलने आई थीं। उन्हीं के साथ कुछ भगवत चर्चा हो रही थी।

दिव्या जी और अपनी सहेली के सामने ही बहू अपनी सास को खरी–खोटी सुनाने लगी। वह चुपचाप उठीं और सिर झुकाये चाय बनाकर ले आई। किंतु बहू ने सहेली को न चाय पीने दिया और न खुद पिया। वह जोर से चीखी थीं– ले जाइये अपनी चाय, अपनी सहेली को ही पिलाइये।

दिव्या जी से विजया जी का यह अपमान बर्दाश्त नहीं हुआ। विजया जी उनकी आदर्श थीं। उनकी प्रतिभा और सौजन्य ने उनका मार्ग प्रशस्त किया था।

आज दिव्या जी अपनी उसी श्रद्धेय मित्र का मार्ग प्रशस्त करते हुए बोल उठीं थीं– "विजया दीदी! अब आपको मैं यहाँ नहीं रहने दूँगी। चलिए मेरे साथ।" और उसे साथ लेकर वह निकल पड़ी थीं। बहू ने एक बार भी नहीं रोका।

विजया सोच रहीं थीं। मैं तो रात–दिन खटती रहती थी। बेटे के लिए तो कुछ कर नहीं पातीं थीं क्योंकि बहू का एकाधिकार था उस पर। उसे पसंद नहीं था कि बेटा अपनी माँ से बोले भी या उसके हाथ का परोसा खाना खाये। चौका बरतन, झाडू, पोछा रसोई का सारा काम विजया करती थी पर तब, जब

बेटा ड्यूटी पर चला जाए या सो रहा हो। जब तक बेटा घर में रहे माँ पूजा पर बैठी रहती थीं। शुरू–शुरू में बेटा पूछता था– "बनिता! माँ कहाँ हैं?"

वनिता भौहें टेढ़ी करके कहती– "पूजा कर रही होगीं और क्या करना है उन्हें ?"

विजया का मन होता, बेटा चाय पी रहा हो, दाढ़ी बना रहा हो, नहाकर निकला हो, तैयार हो रहा हो, खाना खा रहा हो तो उसे भर नजर निहारे। उनकी इच्छा कोई अनहोनी या हवामहल नहीं थी। यह तो हर माँ की स्वाभाविक इच्छा होती है।

विजया जी की सास भी उनके पति को ऐसे निहारा करती थीं। पर विजया को माँ की प्यार भरी आँखों से आशीर्वाद झरता लगता था।

उनके पति भी आते ही माँ को पुकारते थे। विजया चाय बनाकर, खाना लगाकर पति और सास को एक साथ बैठाती थीं। तब सास कहती थीं– "बहू तू भी अपना खाना ले आ।"

सभी एक साथ खाते थे। दिन भर के अनुभव बाँटें जाते थे। पति विजया को चिढ़ाने के लिए कुछ न कुछ कहते, सास जी विजया की तरफ होतीं और इस नोक झोंक का अंत सबकी सम्मिलित हँसी में होता था।

विजया की भी जीवन की पहली तमन्ना थी बहू लाने की और दूसरी थी पोता–पोती गोद में खिलाने की। दोनों साधें पूरी हुईं। पर उन्हें नहीं लगता कि वह सास और दादी बन चुकी हैं। जब वह सास का पैर दबाती थीं तब वह आशीर्वाद की बौछार करती थीं। "बनी रहो, दुलहिन! सुहाग बना रहे। हाँ, सेवा करने वाली बहुरिया आवे, पोती–पोता आगे पीछे लगे रहें। छनातिन के कंधे चढ़कर सरग देखो।"

उनका आशीर्वाद फलित हुआ। पोती–पोता हुए। पर आगे–पीछे कोई नहीं लगने पाया। छनाती के कंधें पर चढ़कर सरग देखना भी शायद सास जी के भाग्य में था, मेरे नहीं। कहकर वह सुबक उठीं। "अब यहाँ गंगा मैया तो मिल जायेंगी पर कौन वहाँ तक ले जायेगा? परमात्मा ही जाने।" –कहकर ऊपर निहारने लगीं।

तभी दिव्या ने आवाज दी। "दीदी! चलिए ध्यान का समय हो गया।"

वह अचकचा कर उठ गईं और ध्यान के लिए चल पड़ीं। अब उनके चेहरे पर अद्‌भुत शांति थी।

59. उत्तराधिकार

गोपाल जी मर्माहत होकर बैठ गए। पत्नी का डॉक्टर ने हृदय रोग के कारण ऑपरेशन बता दिया था।

ऑपरेशन के लिए सभी जाँच और ऑपरेशन हेतु डॉक्टरों ने लाखों का खर्च बताया तो उनके हाथों के तोते उड़ गए। हेड क्लर्क के पद से रिटायर हो गए थे। ईमानदारी का संकल्प लिया था तो जीवन भर संघर्ष करते रहे। लोगों के ताने सुने, बेवकूफ की पदवी मिली, जिनका उल्टा सीधा काम नहीं किया, उनकी दुश्मनी मोल ली। परिवार में भी उनसे कोई खुश नहीं था।

नौकरी से रिटायर हो चुके थे। पेंशन भी भाई की बेटी के विवाह में दहेज देने के लिए बेंच दी थी और कोई जरिया नहीं था कि इलाज के लिए पैसे जुटा सकें। वे चुपचाप सोच रहे थे।

लोगों ने सुझाव दिया कि गाँव की जमीन में से कुछ बेंच दो। जिंदगी से बढ़कर कुछ नहीं है।

गोपाल जी गाँव गए। छोटे भाई से बात की और अपनी कठिनाई तथा खेत बेंचने के लिए कहा।

भाई तमतमा उठा– "यहाँ आपकी कोई जमीन नहीं है। अब तक तो शहर में मौज करते रहे कभी गाँव वालों के बारे में चिंता नहीं की। माता–पिता जी की सेवा के लिए भी नहीं आए। मैंने इसी खेती से अपनी मेहनत से जो पैदा किया उसी से उनका दवा इलाज कराया, सेवा की।"

"पिता जी आपसे नाराज होकर जिसने सेवा की उसे अपनी सारी संपत्ति का उत्तराधिकारी बना गए हैं। विश्वास न हो तो कचेहरी से पता कर लीजिए।"

गोपाल जी को लगा कि अभी उन्हें भी हृदयाघात हो जायेगा। वे बिना कुछ खाये पिये वापस लौट पड़े।

रास्ते में एक पट्टीदार रामजनम मोटरसाइकिल से जाते हुए मिले। उन्होंने रुककर नमस्कार किया और पूछा– "भइया! कहाँ जा रहे हैं, चलिए मैं आपको पहुँचा दूँगा।"

उनका गला रुँध गया था कुछ बोले नहीं, चुपचाप उनके पीछे बैठ गए।

रामजनम ने ही पूछा– "क्या स्टेशन जा रहे हैं ? चलिए मैं भी वहीं जा रहा हूँ। स्टेशन के पास में ही एक वकील से कुछ काम है।"

स्टेशन पहुँचाकर रामजनम लौटने के लिए पैर छूने लगे तो गोपाल जी के मुख से निकला– "रामजनम! क्या तुम वकील से मेरे बारे में बात करा सकते हो?"

रामजनम ने कहा– "भइया! मैं अपने साथ आपको वकील के यहाँ ले जाऊँगा तो आपका भाई मेरा दुश्मन हो जायेगा। मुझे इसी गाँव में रहना है। वैसे भी मैं आपको अपनी मोटरसाइकिल पर बिठाकर लाया हूँ यह खबर पूरे गाँव में हो गई होगी।"

"मैं जानता हूँ कि आप कितने सज्जन हैं। अपने खर्चे में से कतर ब्योंत करके माता–पिता के लिए आप बराबर पैसे भेजते रहते थे। उनकी दवा और टॉनिक भेजते रहते थे। लेकिन पिताजी की सिधाई का फायदा उठाकर इन लोगों ने उन्हें बताया ही नहीं कि आप उनका खर्च और दवा भेजते हैं। पिता जी समझते रहे कि यही लोग सब खर्च कर रहे हैं। ये लोग बराबर आपके बारे में बताते थे कि आप इतना पैसा कमा रहे हैं कि सोने का महल खड़ा कर दें। लेकिन घर वालों को पूछते भी नहीं हैं। लोगों के सपूत कमा–कमा कर घर भर देते हैं। भैया तो भौजी के गुलाम हैं, उन्हीं के कहने में हैं। अरे हमारे बच्चों के लिए कुछ न करते तो कोई बात नहीं पर आप लोगों को भी बेगाना कर दिया। अपनी झूठी सेवा का दिखावा करके और आपके खिलाफ जहर उगल–उगल कर उन्हें इतना विरुद्ध कर दिया था। कि वे क्रोधावेश में अपने छोटे बेटे को सब कुछ लिख गए।"

"मैंने एक दिन आपके पिताजी से सच्चाई बताने की कोशिश की कि भाई साहब ईमानदार ऑफिसर हैं और भाई की बेटी के विवाह के लिए अपनी पेंशन बेंचकर पैसा भेजा है। लेकिन आपके भाई पिताजी से किसी को मिलने ही नहीं देते थे। मुझे कचहरी में ही किसी ने बताया कि इन्होंने सारी जायदाद अपने नाम वसीयत करा ली है। अब यही उनके एकमात्र उत्तराधिकारी हैं। लेकिन आप वकील से परामर्श करके अपना अधिकार ले सकते हैं क्योंकि आपसे बिना पूछे यह वसीयत की गई है जबकि आप आधे के हकदार हैं।"

इतना बताकर रामजनम लौट गए और गोपाल जी किंकर्तव्यविमूढ़ से खड़े रह गए।

60. कुंभ

दोनों बाल सखियाँ कांति जी और प्रमिला जी वर्षों से साथ–साथ कुम्भ स्नान को आती रहीं थीं।

उन्होंने आपस में एक वादा भी कर लिया था परिहास में कि जिसे पहले मोक्ष मिलेगा उसके नाम की पाँच डुबकी दूसरी जीवित सखी कुम्भ में आने पर जरूर लगायेगी।

दोनों एक दूसरी से ठिठोली भी करतीं।

कांति जी कहतीं– "देखना तुझे ही मेरे लिए इस ठण्ड में डुबकी लगाकर जाड़े से मरना पड़ेगा।"

प्रमिला जी कहतीं– "बड़ी आई जल्दी जाने वाली। अरे! तू लगायेगी मेरे लिए डुबडुब पाँच बार और बड़बड़ायेगी भी कि अपने तो अच्छी भली चल दी, मुझे छोड़ गई।"

कांति जी उसके मुख पर हाथ धर देतीं– "चुप कर, तेरे बिना कौन आएगा तीर्थ करने?"

अब की बार कांति जी बहुत उदास थीं।

प्रमिला जी उन्हें छेड़ रही थीं– "अरे मेरे जीते जी मेरा मातम कर रही है क्या ? चल हट, मेरे बाद यह रोनी सूरत बनाना।"

कांति जी फफककर रो पड़ी थीं– "अब की बार घर लौटने का मन नहीं हो रहा है। मन करता है यहीं गंगा में समा जाऊँ।"

प्रमिला जी बोल उठीं– "तेरे मन का दर्द मैं जानती हूँ। मेरे कोई संतान नहीं है, पहले बहुत दुःखी रहती थी। पर अब संतान वालों का दुःख देखकर सोचती हूँ कि संतान होने के दुःख से बच गई। तेरी तरह बेटों–बहुओं की उपेक्षा और तिरस्कार के दंश से तो बची हूँ।"

वह फिर बोलीं– "कांति! तू इतने दिन से तीर्थ करने आ रही है। मोह से मुक्त होने की कोशिश तो कर।"

कांति जी बोलीं– "बहुत कोशिश की। मैं अपने ही विचारों के खोखलेपन के दुःख को नहीं भुला पा रही हूँ। मैं कहती थी न, कि चिड़िया की तरह पाल पोसकर उड़ा दो, अपेक्षा न करो तो निराशा या दुःख नहीं होगा। पर नहीं जानती थी कि अपना कथन स्वयं ही जीवन में उतारने में इतना दुःख होगा।"

प्रमिला ने उनको अंकवार में भर लिया– "अरे कांति! क्यों मर रही है सोच–सोचकर? अरे जब कोई सहारा नहीं होता तभी तो वह बुलावा आता है, जिसके लिए दौड़ी–दौड़ी कुम्भ में हर साल आती है।"

कांति जी का उद्विग्न मन शांत हो गया।

वह सोचने लगी– "शायद यह अनुभव ही मोक्ष है, यही तीर्थ की उपलब्धि है।"

61. बिच्छू और संत

रम्या का नाम और रूप दोनों रम्य था पर मन उतना ही असुंदर था। किसी की प्रशंसा सुनकर उसके कलेजे पर साँप लोट जाता था।

जिस घर में उसका विवाह हुआ वह अत्यंत संस्कारी साधु स्वभाव वालों का था। उस परिवार ने भरसक प्रयास किया कि क्षमा, उदारता और स्नेह से उसका स्वभाव बदल जाए। पर जितना ही वह लोग विनम्र होते गए वह सिर चढ़ती गई। उस परिवार के लोग संत और बिच्छू की कहानी कह सुनकर मन को सांत्वना देते। जिसमें संत बार–बार बिच्छू को डूबने से बचाता और बिच्छू संत को डंक मार देता।

वह उनका तरह–तरह से अपमान करती। अपने वृद्ध सास–ससुर को पति और बच्चों से न बोलने देती, न मिलने देती।

सास–ससुर कहते– "हम अपना स्वभाव नहीं छोड़ सकते वह अपना स्वभाव नहीं बदल पा रही है।"

एक दिन एक मेहमान आए।

उन्होंने उनकी व्यथा का अनुभव किया, बिना कहे ही सब समझ गए। सेवा पाने की उम्र में रात–दिन खटती वृद्धा, घर की व्यवस्था में लगे वृद्ध। घंटो लाइन में खड़े रहकर बिजली का बिल जमा करके हाँफते–हाँफते लौटे थे। उन्हें देखकर अतिथि ने कहा– "आज मेरा विश्वास डिग गया। मेरा विश्वास था कि 'शठ सुधरहि सत्संगति पायी।' पर जीवन व्यवहार में अब शायद ऐसा नहीं होता।"

वृद्ध दंपत्ति रो पड़े– "नहीं ऐसा न कहिए। यह विश्वास ही तो हमारे जीवन को खींच रहा है। यह भ्रम ही सही, बना रहने दीजिए।"

62. लोहा स्त्री

बेला दुखों की आँच में तपकर खरा सोना हो गई थी। समय की भट्ठी में तपकर लोहा बन गई थी। उसकी आँखों के आँसू सूख गए थे।

उसने एक स्कूल खोल लिया था।

सुबह से शाम कब हो जाती उसे पता ही नहीं चलता। उसे अब अपनी आँसुओं से तर रोनी सूरत और बात–बात पर निराशा में डूब जाने वाले स्वभाव पर स्वयं लज्जा आने लगी थी।

एक दिन वह गाँव के मजदूर घरों के बच्चों को पढ़ा रही थी।

तभी एक कार आकर रुकी, कार से चपरास लगाये हुए अर्दली उतरा। सलीके से गेट खोला, कार में से बेला का बेटा आई.ए.एस. ऑफिसर निकल कर बाहर आया। स्कूल के बच्चे स्वागत के लिए खड़े हो गए। उन्हें भारतीय संस्कार देने के लिए बेला अथक् प्रयास कर रही थी।

बच्चों की ओर सरसरी निगाह से देखते हुए वह बेला के पास आकर खड़े हो गए– "माँ! इन चिरकुटों के बीच क्यों अपनी जिंदगी तबाह कर रही हो ? मैं तुम्हें लेने आया हूँ। कल यहाँ से चलना है। अपनी तैयारी कर लो।"

बेला ने कोई उत्तर नहीं दिया। वह चुपचाप उठकर अंदर चली गई। बच्चो को मॉनीटर छात्रा ने सँभाल लिया।

बेला ने बेटे की आवभगत में रसोई बनाई थी। पूरे दो वर्ष बाद बेटे को आने का समय मिला था। बेटा इतने बड़े जिलाधिकारी पद पर है और माँ गाँव में पड़ी मशक्कत की जिन्दगी जी रही है, इससे बेटे की बदनामी हो रही है। पर बेला अब संघर्ष पूर्ण जिंदगी की आदी बन चुकी है।

दूसरी बात यह भी है कि बेला को अपने आई.ए.एस. बेटे के विचार परिवर्तन का मन ही मन कष्ट भी है। जो बेटा सबके सुख दुख के प्रति गहरी संवेदना रखता था, सबके समान अधिकार की बात करता था वही इतना बदल कैसे गया? उन्हें आश्चर्य होता।

विवाह होते ही उसकी विचारधारा अपने परिवार के ही भौतिक सुख–दुख की चिंता के इर्द–गिर्द घूमने लगी। वह नाते–रिश्तेदार, पड़ोसी या मित्रों के सुख–दुख से निर्विकार होता जा रहा है।

माँ ने एक दो बार उसके आदर्शों, संवेदनात्मक अनुभूतियों से भरे उसके बचपन की, कैशौर्य की स्मृति ताजा करने की कोशिश की तो बीच में ही उसकी पत्नी और ससुराल पक्ष ने बात लपक ली– "क्या बात करती हैं आप भी? ये दकियानूसी विचार और आदर्श, दया, करुणा सब बीते जमाने की बातें हैं। आज जो इसमें फँसा वह गया काम से। पहले अपने घर में दीपक जलाओ फिर तेल फालतू बचे तो मंदिर में दीप जलाने की बात सोचो। सब अपने कर्म का फल भोगते हैं। जिसकी तकदीर में धनी होना है वह तो होगा ही। और फिर अपने खून पसीने की कमाई दूसरों पर यूँ ही लुटाते फिरना कहाँ की बुद्धिमानी है?"

बेला उनकी बातें सुनती रहतीं।

बेटे पर तरस आता, "कैसी संगति मिल गई मेरे सहृदय बेटे को?"

कभी कभी बेटे पर गहरा आक्रोश भी होता– क्यों बन गया वह माटी का माधो? बिना रीढ़ का मनुष्य, क्यों इसने बेच दिया हृदय हीनों के हाथों अपनी अनमोल संवेदनात्मक पूँजी ?"

पर बेला कुछ नहीं कह पाती। उसने नियति को सिर माथे रख लिया था।

आज बेटा खाते समय भी अन्यमनस्क लगता रहा। बेला ने कुरेद कर पूछा– "क्या बात है बेटा! कोई परेशानी है?"

"हाँ माँ! रूपा कह रही थी कि घर बेंचकर आओ। माँ को भी साथ लाओ। यहाँ उसी पैसे से नया मकान लेना है। उसके मम्मी पापा भी यही सलाह दे रहे हैं।"

बेला सन्न रह गई यह सुनकर।

फिर दृढ़ स्वर में बोली– "बेटा मकान तुम बेंचकर जो चाहो करो। पर एक कोठरी और यह स्कूल की जमीन मेरे लिए छोड़ दो। मैं अपने और तुम्हारे पिता के आदर्शों को नहीं छोड़ सकती। मुझे अपने जीवन का लक्ष्य मिल गया है। तुम अपनों की खुशी के लिए जो चाहो करो।"

बेटे को लगा कि वह हवा में उड़ते–उड़ते अचानक धरती पर आ गया हो। उसके तरकस में जो–जो तीर भरकर उसे यहाँ भेजा गया था उनके

प्रयोग का तो माँ ने अवसर ही नहीं दिया।

उससे कहा गया था– "देखना तुम्हारी माँ राजी नहीं होंगी मकान बेंचने को। तब तुम उनके बुढ़ापे की विवशता में सेवा का, पोते पोतियों के भविष्य का वास्ता देकर उन्हें समझाने की कोशिश करना। कहना कि बच्चे आजी अम्मा को पास पाना चाहते हैं।"

और भी अनेक तर्क के तरकस ब्रह्मास्त्र के रूप में उसे सौंपे गए थे।

पर बेटा तो ग्लानि से गलने लगा। अपनी लघुता के बोध से पराजित हो उठा। मन ही मन उसने कहा– "माँ! शायद तुम ही ठीक सोच रहीं हो।" कहकर माँ के चरण स्पर्श कर लौट पड़ा।

बाहर बच्चे उसके अभिवादन में फिर खड़े हो गए थे। उसने उन पर निगाह डाली और अपने उद्‌दण्ड बच्चों का स्मरण हो आया। माँ की पाठशाला में उन्हें भी आना चाहिए। सोचकर वह आगे बढ़ गया।

63. सरप्राइज

शांता जी वर्षों बाद इस शहर में आई थीं। प्रयोजन था एक पारिवारिक विवाह उत्सव में भाग लेना।

छोटे देवर का परिवार भी इसी शहर में है, जिससे मिलने की बलवती इच्छा ने आने के इस बहाने को आनन–फानन में स्वीकार कर लिया था।

देवरानी आरती को चलने से पहले फोन किया था। बड़ी उम्मीद से स्टेशन पर देर तक नजरें दौड़ाई। निराश होते–होते भी मन को लगता रहा। नहीं ऐसा नहीं हो सकता। बिलास और आरती दोनों नहीं तो एक तो आया ही होगा। शायद शहर के जाम में फँस गए हों ? पौन घंटे की व्यर्थ प्रतीक्षा के दौरान जाने कितनी बार मोबाइल पर फोन मिलाती रहीं। उधर से फोन ऑफ था। मन की आशा की बेहयाई ही तो है– कि तब भी सोचती रहीं 'मिस्ड कॉल' देखते ही फोन उधर से आएगा। सुबह से नहाया धोया नहीं था। सोचा था बिलास के यहाँ जाकर नहा–धोकर तब शादी वाले घर में जाएगी। उन लोगों को अपना कार्यक्रम नहीं बताया था कि लड़की की शादी में व्यस्त होंगे। बेकार स्टेशन पर लेने आने के लिए क्यों परेशान करूँ।

रिक्शा तय करने लगी बिलास के घर जाने का तो वह पूरे एक घंटे की दूरी पर था। शादी वाले घर का पता कार्ड में देखा तो वह स्टेशन के पास ही था। वहीं जाने का निश्चय किया।

वहाँ पहुँची तो सबने व्यस्त रहते हुए भी खूब आव भगत की। दूर के रिश्तेदार थे पर बड़े आदर और अपनाव से सब मिले। अफसोस भी जताया कि आपने बताया नहीं था कि कब आ रही है? स्टेशन से आने में परेशान हुई।

शांता जी सोच रहीं थी चलो शादी निपट जायेगी तो रात को विलास के घर जाकर रूकूँगी।

विलास के बचपन से लेकर विवाह तक की अपनी बड़े होने की भूमिका

और आज उसके बदले में विलास–आरती की उपेक्षा का दंश भीतर तक कसक गया।

आरती को स्वयं ही तो पसंद करके ब्याह कर लाई थीं। आरती के माता–पिता उस समय तो एहसान के बोझ से दब ही गए थे। शांता जी के गुण गाते नहीं थकते थे– "इस कलयुग में भी बिना दहेज की शादी? आप तो देवी हैं शांता दीदी!" उन लोगों ने कहा था। आरती भी विलास सा जीवन साथी पाकर शांता जी के प्रति कृतज्ञ थी।

शांता जी के अपनी संतान नहीं थी। विलास की माँ ने दुनिया से जाते समय बहू की गोद में विलास को डाल दिया था।

शांता जी ने उसे माँ की कमी नहीं खलने दी थी। आरती को भी बेटी जैसा प्यार दिया था। उसकी बेटी के गर्भ में आने से लेकर प्रसव तक अकेले सब कुछ सँभाला था। जान से बढ़कर चाहती थीं उन सबको। फिर जब उसकी बेटी छः महीने की हुई तभी विलास का ट्रांसफर लखनऊ हो गया था। बिटिया का नाम रूनझुन शांता जी ने ही रखा था।

वह फिर वर्तमान में लौटीं। कोई कह रहा था कि विलास भइया का फोन आया है ताईजी! वे शादी में आज नहीं आ पायेंगे। आपसे मिलने कल सीधे स्टेशन पहुँचेंगे। उस घर में विवाह की रौनक, गहमा गहमी, नाच गाना सब कुछ था। पर शांता जी स्वयं वहाँ नहीं थी। बार बार आँखें विलास को ढूंढ़ रही थीं। जरूर सरप्राइज देने की पुरानी आदत दुहरा रहा होगा। अभी पीछे से आकर कान के पास बोलेगा– "भाभी....।"

पर सरप्राइज दूसरे रूप में मिला जब गाड़ी चलने को थी तब शांता के मोबाइल की घंटी बज उठी– "भाभी ! आफिस के काम में इतना फँस गया कि स्टेशन नहीं आ पा रहा हूँ...।" उनके रूँधे गले ने कहना चाहा– "आरती और रूनझुन को तो भेज देता। रूनझुन को देखने के लिए ही तो आई थी।" पर कुछ कह पाएँ तब तक उधर की आवाज ने पटाक्षेप कर दिया– "अच्छा भाभी रखता हूँ...।" और फोन कट गया जैसे कोई सूत्र झटके से टूट गया हो, और सुखद स्मृतियाँ अँधेरी गुफा में गुम हो गई हों। बाहर उसे विदा करने आने वालों के हाथ हिल रहे थे जैसे आश्वासन दे रहे हों– "हम हैं, आप फिर से आने के लिए जाइए। आवजू...आवजू...।"

64. मैडम

वह आती तो घर थर्रा जाता। बहुत बड़े ऑफिसर की पत्नी थीं। स्वयं में क्या थी? यह पूछने या जानने की भी कोई हिम्मत नहीं जुटा पाता।

गुस्सा नाक पर था। आए दिन नौकर छोड़कर चले जाते। नये नौकर आते तो उनकी नये सिरे से ट्रेनिंग शुरू होती और फिर से बक–झक माथा–पच्ची करते–करते उनका मिजाज गरम हो जाता।

घर में फौजी अनुशासन के आतंक जैसा माहौल रहता था। उनके सामने काम करते समय सभी इतने सतर्क रहते कि कोई चीज इधर–उधर पड़ी तो नहीं है, कोई काम रह तो नहीं गया है ? सब चौकन्ने से काम करते रहते।

किन्तु जब मेम साहब घर से क्लब या सैर सपाटे के लिए निकलती थी तो घर की हालत देखने लायक होती। भीतर से कुण्डी लगाकर नौकर चैन की सांस लेते। ढूँढ़–ढूँढ़कर बड़ी चालाकी से तर माल निकालकर खाते और खूब सफाई से यथावत ऐसे रख देते कि मैडम को पता भी न लगता कि किसी ने कोई चीज निकाली है।

उन्हें अपने कड़े अनुशासन पर गर्व था कि सब कुछ मैं ठीक से सँभाल रही हूँ। नौकरों को सिर पर बैठाकर अपना नुकसान नहीं उठा रही हूँ।

एक दिन हीरे की अँगूठी और कान के बुंदे खो गए। घर भर में खोजा गया पर नहीं मिले।

जमादारनी, नौकर, महरी, रसोईया सब एक लाइन में खड़े कर दिये गए।

किसी ने भी स्वीकार नहीं किया कि उसने लिया है।

वे बार–बार कह रही थीं कि मैंने आलमारी में रखा था और आलमारी की चाभी मेरे ही पास रहती है। किसी ने मेरे पर्स में से चाभी निकालकर आलमारी से चोरी की है या बाथरूम अथवा रसोई से उठाया है।

उन्होंने पुलिस में रिपोर्ट दर्ज करा दी।

सभी नौकरों ने पुलिस की मार खाकर भी चोरी कबूल नहीं की।

उन्हें जेल में डाल दिया गया। उनके परिवार मुसीबत में पड़ गए। कमाने वाला जेल में था। कौन परिवार देखे और कौन उन्हें छुड़ाने की कोशिश करे ?

मैडम के पति पंद्रह दिन के बाद दौरे से लौटे तो आते ही घर का सन्नाटा और अस्त–व्यस्त घर देखकर पत्नी की ओर देखा, लगा कि वे कई दिनों से न खायीं हैं न सोई हैं।

पति को देखते ही वे फूट–फूटकर रोने लगीं और रोते–रोते सारी घटना सुना दी।

पति ने अपने ब्रीफकेस में से एक डिबिया निकालकर उनके हाथ में रखते हुए कहा– "मैडम! आपने मेरी लौंग इलायची की डिबिया की जगह इसे मेरे ब्रीफकेस में रख दिया था, खोलकर देखिए, इसमें आपके बुंदे और अँगूठी दोनों हैं।"

अब मैडम स्वयं पति को लेकर पुलिस थाने गईं और अपने नौकरों को छोड़ने का प्रार्थना–पत्र दिया। उन सबसे क्षमा माँगी और घर चलने के लिए कहा किन्तु सभी ने आने से इंकार कर दिया।

अब मैडम को नौकर नहीं मिलते, स्वयं अपना काम करती हैं और घर की हालत देखने वाले ही बयान कर सकते हैं।

65. आजादी

हरिमोहन सेठ की ईमानदारी और अनुशासन की पूरे शहर में प्रसिद्धि थी। उनके नाम ले लेने भर से लाखों का लेन–देन चल रहा था।

बच्चों को भी पाई–पाई का हिसाब रखने का सख्त निर्देश और अनुशासन था।

बच्चे व्यापार के साथ–साथ पढ़ाई में भी मन लगा रहे थे।

अचानक एक बेटे ने बगावत कर दी।

पिताजी से कुछ कह नहीं पाया, माँ से बोला– "माँ! यह क्या दरिद्रों की तरह आना–पाई का हिसाब हमें लिखना–देना पड़ता है, कितना समय नष्ट होता है।

माँ ने कहा– "मैं नहीं जानती, जाकर अपने पिता से बोलो। मैं स्वयं हिसाब रखती हूँ और मुझे भी लगता है कि सबको हिसाब रखना चाहिए।"

बगावती बेटे की पत्नी ने तमककर कहा– "माँ जी! आप तो अपने पति परमेश्वर के हर वाक्य को ब्रह्मवाक्य समझती हैं। अब जमाना बदल गया है अपने विवेक और अधिकार का भी प्रयोग हम औरतों को करना चाहिए। कब तक दबती रहेंगी?"

माँ ने कोई उत्तर नहीं दिया। उठकर चली गईं।

पिता तक बात उसी बहू ने पहुँचायी।

"बाबूजी! हिसाब–किताब लिखने में इनका बहुत समय नष्ट होता है। ये चाहते हैं कि आप इन्हें इस बंधन से मुक्त कर दें।"

हरिमोहन जी सुनकर अवाक् रह गए। पत्नी की ओर देखा वे मौन खड़ी थीं।

उन्होंने कहा– "ठीक है, मुक्त किया। पर जितना धन मैं देता हूँ उसका हिसाब मैं रखूँगा उससे अधिक नहीं दूँगा, उसी में उसे अपना खर्च चलाना होगा।"

एक महीने बाद ही बहू ने आकर सास से पति की शिकायत की– "आप समझाइये न अपने बेटे को। रात को देर से पीकर धुत होकर लौटते हैं। इस महीने बच्चों की फीस भी नहीं जमा की। मेरी तो कोई बात सुनते ही नहीं। मनमाना खर्च करने लगे हैं। मैं बहुत परेशान हूँ। आप कैसे इतना सब, इतने वर्षों से सँभाल रहीं थीं?"

सास ने उत्तर दिया– "अनुशासन और हिसाब–किताब में ईमानदारी ही मेरी सफलता का राज है।"

दूसरे दिन वह पति से बोली– "अब कल से आप फिर से आना–पाई का हिसाब पहले की तरह रखेंगे।"

वह बोला– "क्यों? तुम्हें ही तो कष्ट था। तुम्हीं ने तो मुझे बगावत के लिए उकसाया था।"

बहू बोली– "मुझे अपनी भूल समझ में आ गई। ऐसी आजादी नहीं चाहिए हमें।"

66. गांधीवादी

सत्यव्रतधारी गांधी जी के नाम पर जाने कितनी संस्थाएँ चल रही है, जाने कितनों की रोजी–रोटी चल रही है।

एक पचासी वर्षीय वृद्ध गांधी जी का संदेश प्रसारित करते हुए निरंतर भ्रमणशील थे। एक अतिथि गृह में भोजन करने बैठे थे। मैंने देखा कि थाली आते ही दो रोटी उठाकर उन्होंने चुपके से थैले में डाल ली और फिर बची दो रोटियाँ दाल में मसल कर भिगो दिया। फिर दो रोटी और दाल दुबारा माँगकर लिया। मुझे लगा कि यह व्यक्ति गाँधी जी के सत्य की हत्या कर रहा है।

उन्होंने कहा– "कितनी बेइमानी होने लगी है बताइये! चार रोटी दाल का तीस रुपया, पूरी लूट है लूट।"

मेरे मुँह में आया कि कहूँ आपने तो छः रोटियाँ ली एक थाल का पूरा पैसा वसूल लिया। पर मैं चुप लगा गई।

वे यात्रा में निकल रहे थे। ट्रेन का समय हो गया था। उन्हें संदेह हुआ कि मैंने अभी उनकी रोटी की चोरी देख ली है।

बोले– 'बेटी! यह मेरी मजबूरी है। मेरी यात्रा में मेरे काम आएंगी ये रोटियाँ। ले जाने के लिए माँगने पर न मिलती। थाल सिस्टम है यहाँ बैठकर कितना भी खा लूँ।'

मुझे लगा कि यहाँ गांधी का सत्य उनकी स्वीकारोक्ति में साथ है। किन्तु 'मजबूरी का नाम महात्मा गांधी' कहावत और गांधी के 'सत्य के प्रयोग' 'मार्क्सवाद और गांधीवाद' मेरे विचारों में गड्ड–मड्ड होते घूमने लगे।

67. वसीयत

अदालत में पुकार हुई। नयना देवी मुसम्मात लाखन सिंह हाजिर हों... नयना देवी हाजिर हो गईं।

पूछा गया– "क्या तुम अपनी मर्जी से अपनी सारी जायदाद, घर, जमीन अपने जेठ के बच्चों के नाम लिख रही हो? किसी ने जबरदस्ती तो अँगूठा नहीं लगवा लिया? तुम पढ़ी लिखी नहीं हो इसीलिए जो लिखा है, उसे तुम्हें सुनाया जा रहा है–

''मैं नयना देवी पत्नी स्व0 लाखन सिंह अपने पूरे होशो–हवाश में अपनी मर्जी से सारी जायदाद, जिसमें जमीन, बाग, घर तथा बैंक में जमा धन सभी शामिल हैं, अपने जेठ के दोनों बेटों के नाम कर रही हूँ।"

नयना का मुँह घूँघट के भीतर खुला रह गया। उससे तो कहा गया था कि दूसरे गाँव की पाँच बीघा जमीन, बच्चों के नाम करने का। उसने तो यही समझ कर अगूँठा लगाया था।

उसकी आवाज नहीं निकली, सिर 'हाँ' में हिल गया।

दूसरा सवाल था– "तुम्हें इसके बारे में कुछ कहना है?" उसने 'नहीं' में सिर हिला दिया।

जेठ–जिठानी ने कहा था– "तुम्हारे बुढापे का सहारा बनेंगे, दोनों बेटे और उनकी बहुएँ। बाद में भी उन्हीं का होना है। अभी लिख दोगी तो उनके मन में तुम्हारे प्रति श्रद्धा बढ़ जायेगी।"

नयना सोच रही थी– ''छल से मेरा सब कुछ लिखवाने वालों के प्रति मेरे मन में क्या भाव जगेगा, यह नहीं सोचा आप लोगों ने?"

68. परछाई

मनुष्य अकेले घर से निकला।

परछाई ने पूछा– मैं तुम्हारे साथ चलूँ ?

मनुष्य ने कहा – कितनी देर तक साथ दोगी ?

परछाई बोली – जब तक तुम्हें राह दिखेगी अर्थात् दिन रहेगा तब तक तुम्हारे साथ रहूँगी, जब तुम्हें राह दिखना बंद हो जायेगी, रात हो जायेगी, मैं तुम्हारा साथ छोड़ दूँगी।

मनुष्य बोला – ऐसे साथ से क्या लाभ ?

परछाई – यही आज का युग धर्म है।

69. दूरियाँ

लोग दूर रहकर भी नजदीक थे। गर्मियों की छुट्टियों में घर भर जाता था। बड़े आँगन में, घर के बाहर के अहाते में चारपाइयाँ लाइन से बिछ जाती थीं। हम लोग गिनते थे– एक, दो, तीन .... बीस, इक्कीस ..... फिर गिनते थे कितने भाई बहन हैं– ममेरे, फुफेरे, चचेरे शब्द भी नहीं जुड़ते थे। बस– हम लोग बारह चौदह भाई हैं, ग्यारह–बारह बहने हैं, यही बोलते थे।

शहर से कुछ बच्चे आए थे। गाँव की बच्ची सुरभि ने दिल्ली से आई कामना से कहा– "मेरे आठ भइया हैं और आठ बहने हैं।"

कामना ने कहा– "तुम्हारे मम्मी–पापा ने फैमिली प्लानिंग नहीं की, उन्हें तो जेल हो जायेगी।"

सुरभि सहम गई। अपनी माँ से बोली– "माँ तुमने फैमिली प्लानिंग क्यों नहीं कराई ? तुम और पापा जेल चले जाओगे।"

माँ आश्चर्यचकित थी– "किसने कहा यह सब ?"

"कामना दीदी ने।" सुरभि का उत्तर था।

माँ ने कामना को बुलाकर पूछा तो उसने कहा– "इसी ने तो बताया था कि इसके आठ भाई, आठ बहने हैं।"

सुरभि की माँ हँस पड़ीं– "उन बहनों में तुम भी शामिल हो और भाइयों में तुम्हारे दोनों भाई भी, यह नहीं बताया होगा इसने।"

"हम क्यों शामिल हैं ? हम तो इसके कजिन हैं।"

सुरभि की माँ बोली– "यहाँ अभी कजिन नहीं आए हैं अच्छा होगा कि तुम उन्हें यहाँ न लाओ।"

इसके बाद कामना को जब चाची ने समझाया तो उसकी भी समझ में बात कुछ–कुछ आ गई।

चाची ने यह भी बताया था कि दूरियाँ स्थान की कितनी भी हों, दूर नहीं करतीं। वह तो मन की दूरियाँ हैं जो बढ़ाने से बढ़ती हैं।

70. माया

भानु शंकर जी बेटी के यहाँ से निकलकर अपनी कोठरी में आ रहे थे। चेहरा अपमान और क्षोभ से आरक्त था। आँखों से रोकते–रोकते भी आँसू छलक उठे थे।

वे नहीं चाहते थे कि कोई भी उन आँसुओं को देखे। जिस बेटी ने ये आँसू दिये उसे भी नहीं दिखाना चाह रहे थे। क्योंकि वे अपने को कमजोर और हारा–टूटा सिपाही नहीं सिद्ध करना चाहते थे।

इकलौती बेटी थी। सारी संपत्ति उसके नाम कर दी थी। पूरा मकान दे दिया था। बस एक कमरे में अपने को समेट लिया था।

मकान मरने के बाद भी उसी का होना था लेकिन कोई भाई–भतीजा दावेदारी न करे इसलिए अपने जीते जी बेटी का भविष्य निष्कंटक कर दिया था।

पेंशन मिलती थी, जो अपने गुजर–बसर भर को काफी थी।

आज उन्हें चोट इस बात की पहुँची थी कि बेटी ने उन्हीं की पेंशन का उनसे हिसाब माँगा था।

अब पेंशन वही रखती थी।

एक दिन उसने कहा था– "बाबू! आप तो ठहरे दानी हरिश्चंद, जो भी रो–धोकर अपनी जरूरत बताकर आपसे माँग लेगा, आप उसे थमा देंगे। पर दुनिया कितनी चालाक है आप देख ही नहीं पाते। लोग ले भी लेंगे और डींग भी हाँकेगें कि देखा! मैंने बुढ़ऊ को कैसे फाँस लिया।

"आप पेंशन हमारे पास जमा कर दें। जब जरूरत हो तब माँग लिया करें। आप इधर–उधर रखकर भूल जायेंगे तो नौकर–चाकर भी हाथ साफ कर देंगे।"

और पेंशन पर भी बेटी ने कब्जा कर लिया था।

आज जब उन्होंने पाँच सौ रुपये माँगे तो बेटी ने पूछा– 'अभी परसों ही तो आप तीन सौ ले गए थे, कहाँ खर्च कर दिया इतना ?'

उन्हें लगा था कि बेटी उन्हें एक गैर जिम्मेदार बच्चा समझकर पूछताछ कर रही है और फिजूलखर्ची के लिए लताड़ रही है।

क्रोध और क्षोभ से उनका मन भर आया और वे बिना पैसा लिए लौट पड़े तो पीछे से बेटी ने पूछा भी नहीं कि बाबू! क्या जरूरत है ? कहा भी नहीं कि ले जाइये।

दर–असल आज उनकी पत्नी की पुण्यतिथि थी और वे मंदिर में जाकर कुछ दान और गरीबों को कुछ भोजन कराना चाहते थे।

बेटी को यह भी याद नहीं था कि आज उसकी माँ की पुण्यतिथि है।

सवेरे से ही भानुशंकर का मन उदास था और इस पूछताछ से मन और आहत हो उठा था।

वे अपने कमरे में भी नहीं गए। मंदिर के सामने जाकर पार्क में बैठ गए, वहाँ कथा हो रही थी–

"संसार माया है। माया–मोह से मुक्त होकर ही जीवन सुखी हो सकता है।"

वे सोच रहे थे– "माया–मोह से तो मनुष्य मुक्त होने की कोशिश कर सकता है पर देह की रक्षा के लिए तो धन चाहिए ही। मन को संतोष देने वाले कृत्य के लिए भी धन चाहिए।"

71. तहस–नहस

उत्तराखण्ड की त्रासदी ने सब कुछ तहस नहस कर दिया।

जाने कितने लोग तीर्थयात्रा पर साथ गए और चिर–विछोह हो गया।

पति को अपनी आँखों के सामने काल कवलित होते नारायणी ने देखा और दौड़ पड़ी थी उस महानाश की ओर कि किसी तरह अपने जीवन साथी को बचा लें या स्वयं भी उनके साथ समाधि ले ले।

किन्तु एक युवक की बलिष्ठ भुजाओं ने उसे रोक लिया था और उस युवक ने उसे माँ कहकर पुकारा था। इस यात्रा में उस युवक ने अपनी माँ को खो दिया था।

वह युवक विवेक अपने साथ इस माँ को लेकर घर लौटा था। इस माँ ने बताया था कि उसके और कोई नहीं है।

विवेक रोते हुए पत्नी से बोला था– "स्नेहा! माँ को नहीं बचा पाया। यह माँ जी भी अपना सब कुछ खो चुकी हैं। अब हमारी माँ के रूप में यहीं रहेंगी हमारे साथ।"

पत्नी की आँखों में उसे न तो माँ के जाने का दुःख दिखा न इस माँ को बचाकर लाने का संतोष। उस भावहीन चेहरे को देखकर वह चुप रह गया था।

नारायणी जी उनके साथ रहने लगीं।

बहू को परेशानी न हो इसलिए धीरे–धीरे पूरा कार्यभार सँभालने लगी थीं। आखिर मेरा खर्च ये लोग उठा रहे हैं तो मुझे भी तो फर्ज अदा करना चाहिए।

साफ–सफाई, रसोई, बच्चों की देख–भाल इन सबमें अपना समय लगाकर वे स्वयं को व्यस्त रखती थीं।

स्नेहा को मुफ्त की नौकरानी मिल गई थी। बचा–खुचा, बासी–तिबासी जो पहले फेंक दिया जाता था अब सबका सदुपयोग हो जाता था नारायणी जी के भोजन में।

नारायणी पूजा–पाठ, व्रत उपवास के साथ जीवन बिताना चाह रही थी। और दिनों के लिए तो उन्होंने समझौता कर लिया था। छूत–पाक का विचार न करके बासी–तिवासी अन्न देवता जैसे भी मिले उन्हें ग्रहण कर लेती थीं।

पर एकादशी के व्रत के दिन उनका मन विचलित हो जाता था। अण्डा, माँस–मछली उस एक दिन के लिए वर्जित करने की उन्होंने स्नेहा से प्रार्थना की थी। उसी रसोई में उन्हीं बर्तनों में उसी चूल्हे पर अपना फलाहार बनाने की स्वीकृति उनके मन ने नहीं दी थी।

वे चुपचाप उपवास करके रह जातीं।

फिर उन्होंने एक भगोना साफ करके गंगाजल तुलसी डालकर शुद्ध कर लिया और अलग रख लिया था।

पर स्नेहा को उनका यह कृत्य ढोंग लगता था। उसने उन्हीं के सामने उसी भगोने में अण्डा उबालने को चढ़ा दिया।

नारायणी चुप रहीं। मौन ही उनकी साधना का कवच था। जब सब कुछ तहस–नहस हो गया तो मन को इन छोटी–छोटी चोटों से आहत होने में दुःख क्यों? उन्होंने नल के नीचे झुककर अंजुरी से पानी पी लिया और सो गईं।

लेकिन उनकी सहनशक्ति का यह स्वाभिमान भी स्नेहा को बर्दाश्त नहीं हुआ।

वह पति को सुनाकर बोल उठी– "इतनी ठसक तो मैंने अपनी सास की भी नहीं बर्दाश्त की, इनकी कैसे सहूँ?"

विवेक अवाक् हो गया था।

72. गुलाम

स्वाभिमान से सिर उठाये चलने वाले उस सुंदर सजीले जवान को देखकर मेरी आँखों को विश्वास ही नहीं हुआ कि यह वही हरदम मसखरी करके सबको हँसाने वाला किशोर है।

किशोर की गले की हड्डियाँ उभर आई थीं, आँखें गड्डे में धँस गई थीं। पेट जरूर तोंद बन गया था। दाढ़ी बढ़ी हुई थी, बाल गंजेपन के चरम पर थे।

वह अपनी सास माँ के पाँवो में मालिश कर रहा था। भारी भरकम सास जी चिल्लाती जा रही थीं– "अरे बबीता! तू आकर मालिश कर, दामाद जी का तो जोर ही नहीं लग रहा है। दर्द से मेरी पिंडलियाँ फटी जा रही हैं।"

बबीता जी प्रकट होकर पति को डाँट रही थीं– "आपसे कुछ भी नहीं होता। मैं चाय बना रही थी, सोचा तब तक आप मम्मी के पाँव में दवा लगा दोगे, पर तुम तो ....। अरे मेरी माँ हैं न ? अपनी माँ के दर्द होता तो ठीक से दबाते। जाइये चाय छानकर लाइये, उठिये।"

किशोर को उन मोटी–मोटी पिंडलियों को दबाने से फुरसत मिली तो बड़े उत्साह के साथ चाय लाने के लिए लपका। लेकिन उसका सारा उत्साह काफूर हो गया। पत्नी कह रही थी– "अब मेरे मम्मी–पापा मेरे साथ यहीं रहेंगे। वहाँ गाँव में अकेले कौन इनकी देखभाल करेगा ? मेरा भाई तो अपनी बीबी का गुलाम हो गया है, वह तो अपने साथ इन्हें नहीं रख सकता।"

किशोर का क्षणिक मुक्ति का उत्साह अपनी गुलामी के भवितव्य से पथरा गया। मेरी बहन ने भी यही वाक्य मेरे लिए कहा था और तब मुझे अपनी गुलामी पर शर्म आई थी।

73. आँखों का तारा

बेटा फौज में चला गया तो मनसा का मन सदा आशंका में डूबा रहता था। रात–दिन बेटे की कुशल कामना के लिए देवी–देवता पूजती रहती थीं।

पहाड़ों के पीछे से डाकिया साइकिल से आता। वह आँखों पर हाथ की ओट की दूरबीन लगाये रोज डाकिया की राह देखती थी।

बेटे का मनीआर्डर हर महीने आता, चिट्ठी आती। पर माँ को तो अपने लाल का इंतजार रहता था। कब आएगा और पीछे से आकर मेरी आँखें बंद कर लेगा और मुझे गोदी में उठाकर नाचने लगेगा और मैं जोर–जोर से उसे डाँटते हुए कहूँगी कि छोड़ मुझे, मैं तुझसे नहीं बोलती। इतने दिन बाद क्यों आया ?

उत्तराखण्ड में प्रलय हो गई थी। फौजी बेटे ने सुना तो माँ की खोज–खबर लेने भागा–भागा आया।

घर ढह गया था।

मलवे के नीचे माँ उसी मुद्रा में अकड़ी बैठी थी, राह देखती हुई। आँखों की दूरबीन से डाकिया की राह देखती हुई या आँखों के तारा बेटे की, कौन जाने ?

पर आज बेटे ने अपनी अँगुलियों से माँ की आँखें बंद कीं, उसे गोद में उठाया। पर माँ की आवाज नहीं थी।

74. आदिम गंध

वह हवा के झोंके की तरह मुहल्ले के हर घर में आता और एक सुरभि बिखराकर चला जाता।

वह सुरभि किसी परफ्यूम की सुगंध नहीं होती। वह तो वही आदिम गंध थी जिसके हम युगों से आदी थे। हमें अब वह आदिम गंध कम सूँघने को मिलती है। यह आदिम गंध है अपनत्व की, प्रेम की, सद्भाव की।

वह यहाँ आदिम गंध लेकर हर परिवार में फूल से लेकर पके फलों तक पहुँचता। फूल खिलखिलाते, फल हँसतें, न्यौछावर होते और उसकी झोली आर्शीवाद से भर देते।

वह गाँव जाता तो झोली भरकर बाग से, जंगल से फल–फूल लाता। रास्ते भर बच्चों में, बड़े बूढ़ों में बाँटकर सबकी तृप्ति देखकर तृप्त होता।

एक दिन उसकी मालकिन ने उस पर रोक लगा दी – "यह गाँव नहीं, शहर है। पुरे मुहल्ले में खुले साँड़ की तरह घूमता रहता है। मैं तुम्हें अपने घर के काम के लिए लाई हूँ कि पूरे मुहल्ले की सेवा के लिए। और यह गाँव से जो कुछ ले आता है, वह हमारे घर तक नहीं पहुँचता। सब बाहर ही बाँट आते हो।

उसके बाहर जाने पर रोक लग गई। वह मुरझाने लगा। उसकी आदिम गंध कस्तूरी की तरह उसकी नाभि में थी। वह उसे स्वयं तलाशने लगा और वापस गाँव भाग आया।

75. परंपरा का सूप

देवोत्थान एकादशी की रात भर मुक्ता की नींद उचट–उचट जाती है, कहीं सो न जाऊँ। भोरहरे ही दरिद्दर खेदना (भगाना) है।

पहले उठते ही सारे घर के दरवाजे खोल देती हैं क्योंकि दरवाजा खोलने के लिए हाथ रोकना पड़ेगा तो व्यतिक्रम हो जायेगा। कहीं रुकना नहीं चाहिए। लगातार पिट–पिट–पिट ईख के ऊपरी हिस्से के टुकड़े से सूप बजता रहना चाहिए।

मुख से मंत्र की तरह लगातार जाप भी चलना है – ईसर आवैं, दरिद्दर जायँ, ईसर आवैं, दरिद्दर जाएँ।

बेटियाँ–बहुएँ अपने अपने कमरे बंद किए सो रही थीं। मुक्ता जी दरवाजा खटखटाती जा रही थीं, किसी कमरे से कुनमुनाती आवाज आई– माँ सोने दो। दरवाजे से ही वह सूप बजाकर लौट पड़ी। पहले हर कोने में दरिद्र भगाया जाता था।

मन उदास हो उठा फिर स्वयं को समझाने लगीं। घर के कोने से दरिद्र भगा भी दूँगी तो क्या होगा? मेरे बच्चों के मन में बसा आलस्य और परंपरा की उपेक्षा का दरिद्र भगाया जाए तभी घर के कोने–कोने से दरिद्र जा सकेगा।

उन्हें सूप बाहर फेंककर सिर से नहाना था ताकि कहीं भी किसी कोने में या जूड़े में दरिद्र छिपा न रह जाए। पर उनसे सूप फेंका नहीं गया। उसे गंगा जल से धोकर, गोबर छिड़ककर उन्होंने भीतर रख लिया। "ईश्वर ! मेरे पास यह परंपरा का सूप बचा रहे, इसे नटखट बच्चे छीनकर जला न दें।"

और भीतर आकर वह मर्माहत सी बैठ गईं।

76. पत्नी

वह हताश उदास रेलवे पुल की सीढ़ी पर बैठा था, आज उसके बेटे ने उसे अपनी बातों के तीरों से छेद दिया था।

बेटा बोला था– "तुमसे हमें कोई मतलब नहीं है, हम अपनी माँ के साथ हैं। यह मकान बेशक आपने बनवाया है किन्तु यह मेरी माँ के नाम है। यहाँ से आप चले जाइए। हमें पता है कि आप हमारी माँ से कोई लगाव नहीं रखते और एक परकटी तितली के पीछे घूम रहे हैं। जाइए उसी के घर में रहिए यहाँ आपका न घर है न परिवार।"

उन्होंने बेटे को समझाने की कोशिश की– "तुम नहीं जानते कि मैं उसके पास क्यों जाता हूँ? मैंने उससे रुपया उधार लिया है इसी मकान को बनवाने के लिए। मैं उधार चुका नहीं पा रहा हूँ इसके लिए अपनी मजबूरी बताने उसके घर जाता हूँ। इस मकान का एक हिस्सा मैं किराये पर उठाना चाहता हूँ। उस भद्र महिला के रिश्तेदार का यहाँ स्थानांतरण हुआ है उसे एक भाग किराये पर देकर उसका कर्ज भी चुका सकूँगा और उसके एहसानों का कर्ज भी।"

पुत्र के बोलने से पहले ही पत्नी गरज उठी थी– "तुम्हें उधार लेने के लिए कोई मर्द नहीं मिला था, वह औरत ही मिली थी। अपनी रंगीन तबियत का भेद छिपाने के लिए कर्ज का अच्छा बहाना ढूँढ़ा है। यह क्यों नहीं कहते कि इसी बहाने उसे खर्चा देना चाहते हो। लेकिन मैं बेवकूफ नहीं हूँ कि अपने बच्चों का भविष्य चौपट कर दूँ और सौत को घर में जगह दे दूँ।"

उनकी बातें सुनकर उसने अपने कान बंद कर लिए थे।

उस स्त्री के बारे में ऐसा सुनना भी मेरे लिए महापाप है। वह मुझे राखी बाँधती हैं और मेरे हर सुख–दुःख में बड़ी बहन का फर्ज निभाया है।

वह उठा और चुपचाप घर से बाहर निकलकर यहाँ आ गया था।

अचानक पीछे से आती भीड़ के रेले से धक्का खाकर वह सीढ़ियों से लुढ़क गया था।

इसके बाद उसे कुछ भी नहीं याद है।

उसे होश आया तो उसने स्वयं को एक अस्पताल में अपने सिर पर पट्टियाँ बँधी हुई, लेटा हुआ पाया। उसके सामने कुर्सी पर उसकी वह मुँहबोली बहन बैठी थी।

उसने कुछ बोलने की कोशिश की तो बहन ने रोकते हुए कहा– "तुम बोलो नहीं, मैं तुम्हें बताती हूँ। तुम रेलवे स्टेशन पर गिरकर अचेत हो गए थे, तुम्हारी जेब का मोबाइल छिटककर गिर गया था। किसी ने उसमें आखिरी बार डायल किया गया मेरा नंबर देखकर मुझे फोन कर दिया था और मैं तुम्हें यहाँ ले आई। अब तुम खतरे से बाहर हो, चिंता न करो।"

वह सोच रहा था– "खतरा तो सामने आने वाला है यहाँ से निकलकर कहाँ जाऊँगा ?

बहन के ऊपर लांछन मैं सहन नहीं कर सकूँगा। और बहन मुझे इस हालत में छोड़ नहीं पाएगी।

वह अपनी पत्नी के विवाह के बाद से आज तक के सारे दुर्व्यवहार याद करके फिर से अचेत हो गया था।"

77. बिजली का करेंट

प्रतिभा स्तब्ध बैठी थी। दोनों बेटियाँ भी माँ के दोनों ओर सहमी बैठी थीं। सारे रिश्तेदार, संबंधी जा चुके थे। उन तीन जोड़ी आँखों में यादें थीं और भविष्य की चिंता थी।

हँसते–हँसते हँसाने वाले पापा के मुख से कैसी चीखें निकलीं और पापा कटे वृक्ष की तरह गिर पड़े थे। माँ ने दौड़कर बिजली का मेन स्विच बंद कर दिया था पर पापा की चीखें शांत हो गई थीं। पापा भी शांत पड़े थे।

पूरा परिवार जुटा। अंतिम संस्कार हुआ। बेटियों और माँ के नाम बैंक में जमा धनराशि शुद्धक और तेरहवीं संस्कार में खर्च कराकर परिजन वापस लौट गए थे।

बेटियों ने पूछा था– "माँ! पापा की मृत्यु पर इतनी बड़ी दावत क्यों दी? यह तो खुशी का मौका नहीं था। इतनी सारी सामग्री क्यों दान की?"

प्रतिभा रोते हुए बोली थी– "तुम्हारे पापा की आत्मा की शांति और सद्गति के लिए यह सब किया गया।"

"पर माँ! हम लोगों का खर्चा कैसे चलेगा ?" –बड़ी बेटी ने पूछा।

प्रतिभा ने उत्तर दिया– "सोच रही थी गाँव चलकर रहूँगी परिवार के साथ। पर तुम लोगों की पढ़ाई बीच में कैसे छुड़ाऊँ ?"

छोटी बेटी श्रुति बोल उठी– "माँ! ताऊ जी, फूफा जी से कह रहे थे कि शहर में पले ये बच्चे गाँव की माटी धूल में रहने नहीं आएँगे। वैसे भी हम अपने बच्चों को पालेंगे कि इन्हें ?" बेटी की बात सुनकर प्रतिभा को लगा कि यह दूसरी तरह का बिजली का करेंट है जो मेरी छाती में आज लगा है।

पर मुझे अपनी बच्चियों के भविष्य के लिए जीना ही पड़ेगा। और मुझे गाँव जाकर अपने बच्चों के हक की लड़ाई भी अकेले ही लड़नी होगी।

78. जीवन साथी

सुनीति चल बसी। पूरे मोहल्ले में हाहाकार मच गया। 'क्या हुआ? कैसे हुआ?' तरह–तरह के प्रश्न मुँह–मुँह बिखर रहे थे।

अभी कल ही तो संतो की बहू को बुखार में काढ़ा बनाकर दे गई थीं।

रंजन की दादी बिलख रहीं थी– "अरे परसों मेरे घुटनों में दवा लगा गई थी।"

"अरे बुजुर्गों को पान–फूल सा सहेजने वाली सुनीति कहाँ चली गई?"

महरी ने सुबकते हुए कहा– "अरे बहूजी! अब कौन हमारे बाल–बच्चों का ख्याल रखेगा।"

जितनी आँखें थीं, उतनी नम, जितने चेहरे थे सब श्रद्धा से झुके हुए थे। सुनीति क्या गई, मुहल्ला सूना हो गया।

तखत पर कृपाल बाबू सिर झुकाए बैठे थे। साठ साल की सुनीति चली गई, मैं सत्तर का बैठा रह गया।

अकेले आगे का सफर पहाड़ जैसा खड़ा था।

कहने को भरा पूरा परिवार था। चार–चार बहुएँ थीं, बेटे थे। दो बेटियाँ संपन्न सुखी परिवारों में गईं थीं। नाती–नातिन, पोते–पोतियों से भरी फुलवारी थी।

बड़ी भाग्यवान थी सुनीति, तभी तो पति, पूत, पोते के कंधों पर सवार होकर जा रही है।

पर अपने को संसार का सबसे भाग्यशाली मानने वाले कृपाल बाबू आज अपने को संसार का सबसे हतभागा समझकर बिलख उठे थे।

नाते–रिश्तेदारो से परिवार खचाखच भर गया था। पर सूनापन था कि मन में पसरा जा रहा था।

बेटों की प्रतीक्षा हो रही थी। पर अंत में मुखाग्नि स्वयं पति ने ही दी। गर्मी का मौसम था, ज्यादा प्रतीक्षा नहीं हो सकती थी, फिर भी की गई। पर

कोई अर्थ नहीं था उस प्रतीक्षा का। तीनों बेटों का फोन आया, "पापा! मैं नहीं निकल पा रहा हूँ, तेरहवीं तक आ जाऊँगा।"

बेटे आए पर उनकी पत्नियाँ बच्चों को लेकर नहीं आ सकीं। बच्चे गाँव की गर्मी नहीं झेल पाएँगे। बीमार हो जाएँगे। बेटियाँ आईं थीं। बच्चे उनके भी पिता के पास रह गए थे।

विषाद के वातावरण में सभी बच्चों की छुट्टियों का मजा किरकिरा हो जाने का संयोग था।

बाहर के सब रिश्तेदार चले गए। सभी को कृपाल जी के अकेलेपन की चिंता थी। पर किसी का साहस नहीं हुआ कि उनके अपनों के रहते जुबान खोले।

दूसरे दिन दस बजे कृपाल बाबू तखत पर बैठे थे। छोटी बेटी ने चाय लाकर दी। भाइयों को भी चाय दी।

सभी भाई बहन अकेले हुए तो पिता के संबंध में आपस में बात करने का अवसर था। पर पहल कौन करे?

पहल करने का अर्थ है जिम्मेदारी लेना।

छोटी बेटी निर्मला ने बड़े भाई अमित से कहा– "भइया! पिता जी यहाँ अकेले कैसे रहेंगे ? आप लोगों ने कुछ सोचा ?"

"अमित अचकचा उठे। निर्मला! तुम तो जानती हो, मेरा टूरिंग जॉब है। सप्ताह में पाँच दिन तो बाहर ही रहता हूँ। रवि! तुम क्या कर सकते हो ? बताओ।"

भइया आप तो जानते हैं– "पत्नी नौकरी करती है। बच्चों की ही देखभाल कर पाना कठिन है। ऐसे में पापा को कौन देख पाएगा ?"

अब सबकी दृष्टि तीसरे भाई पंकज की ओर उठ गई। वह जानता था कि अब इशारा मेरी ओर होने वाला है। इसलिए वह पहले से ही तैयार था।

"देखिए ! मेरी तनख्वाह तो आप सब जानते ही हैं कि अपने लिए ही पूरी नहीं पडती। बाबू जी की दवा, खान–पान का जितना ख्याल करना चाहिए मैं कैसे पूरा कर पाऊँगा?"

चौथा भाई सिर झुकाए बैठा था। वह अभी बेकार था। पिता के मित्र की किराना की दुकान पर बैठने लगा था। पत्नी मायके जाने वाली थी। बीटीसी में चयन हो जाने की आशा थी। कल उसकी काउंसलिंग थी इसलिए आज ही उसे जाना था।

उसने सिर ऊपर करके पिता की ओर देखा। पिता अभी कुछ दिनों पहले कितने स्वस्थ दिख रहे थे। आज कितने वृद्ध, हताश और बीमार दिख रहे हैं।

वह उठकर पिता के पास पहुँचा। उनकी गोद में वैसे ही सिर रख दिया जैसे माँ की गोद में रखता था।

आज सब लोग पिता जी के बारे में चिंता कर रहे हैं, निर्णय लेने बैठे हैं पर कोई उनसे क्यों नहीं पूछ रहा है कि आप क्या चाहते हैं?

उसने निर्मला दीदी की ओर मुँह करके पूछा– "दीदी! पिता जी क्या चाहते है, आपने उनसे पूछा?"

निर्मला चुप हो गई। वह तो लड़की है, पिता की चिंता कर सकती है पर उसका अपना घर–परिवार है, वह उस परिवार के लिए है। उनकी इच्छा–अनिच्छा पर ही वह कुछ सोच सकती है, निर्णय ले सकती है। लाख कानून बन जाने पर भी अभी लड़कियाँ अपने माता–पिता के लिए कुछ कर सकें, इसके लिए ससुराल वाले प्रसन्न नहीं हो पाते।

कृपाल बाबू तो कुछ बोल ही नहीं रहे थे बस शून्य की ओर देखे जा रहे थे। अभी कल तक माँ फिरकी की तरह बाबू जी के आगे–पीछे घूम रही थीं। कब उन्हें नाश्ता–खाना–दवा चाहिए, सबका अलिखित टाइम–टेबुल माँ के पास था। कब उन्हें नहाना है,? कब पूजा करनी है? पूजा में क्या–क्या चाहिए? सब बाबू जी के बिना कहे ही तैयार रहता था। बाबू जी को किसी से माँगने, कहने की तो आदत ही नहीं है।

छोटा भाई राकेश पिता की ओर देख रहा था। पिता बोले– "अब आप लोग जाइए, अपने–अपने कार्यक्रम में। मुझे आराम करने दीजिए।" तीनों भाइयों को लगा अभी ही विदा ले लेनी चाहिए नहीं तो सो जाएँगे तो जगाना पड़ेगा।

सबने बारी–बारी से पिता के पाँव छुए और जाने की अनुमति माँगी। कृपाल जी ने अनासक्त योगी की भाँति सबको आशीष दिया और लेट गए।

निर्मला और राकेश भी बाहर आ गए। जाने वालों के लिए नाश्ते–भोजन का प्रबंध करना था।

निर्मला को भाइयों के यूँ चले जाने पर खिन्नता तो हुई पर आश्चर्य नहीं हुआ। उसे याद आया दो वर्ष पहले जब पिताजी अचानक बीमार हो गए थे तो माँ उन्हें लेकर बड़े भाई के पास कलकत्ता चली गईं थीं। डॉक्टर ने

कुछ मेडिकल चेकअप ऐसे लिखे थे जो छोटी जगह में संभव नहीं थे। बड़े भाई प्राइवेट फर्म में ऊँचे पद पर थे और उन्हें अपने परिवार (जिसमें माता–पिता भी शामिल हैं) की चिकित्सा का सारा खर्च मिल जाता था।

पिता जी ने बड़े अरमान से अमित भइया को पढ़ाया था। सुंदर कन्या गरीब परिवार से लाई गई थी। उन्हें विश्वास था कि मायके के धन और सुख के अहंकार से वह मुक्त होगी और परिवार में सौमनस्य का वातावरण रहेगा। अपने मित्र के घर धनाढ्य परिवार से बहू लाने का सुफल वे देख चुके थे।

बेटे ने पिता की बीमारी की खबर सुनकर स्वयं माँ को लिखा था– "माँ! आप पापा को लेकर आ जाइए, मैं स्वयं नहीं आ पा रहा हूँ। स्टेशन पर आ जाऊँगा।"

सुनीति पहुँची तो बेटा स्टेशन पर मिल गया था। निहाल हो उठा था माँ का मन। इसी दिन के लिए तो औलादें होती हैं। कृपाल जी को सहारा देकर बेटे ने गाड़ी में बिठाया। निर्मला को भी माँ साथ ले गई थीं।

निर्मला ने देखना चाहा था भाई का वैभव। भाभी तो पहचान में ही नहीं आई थीं। गाँव की सीधी सादी, भोली–भाली आँखों वाली भाभी आधुनिकता के लिबास में किसी भी आधुनिक महिला को मात दे सकती थीं।

माँ–पिताजी के पहुँचने पर जिस तरह ठंडा स्वागत हुआ देखकर निर्मला अव्यवस्थित हो उठी थी।

दूसरे दिन जाँच शुरू हुई थी। भाई के सहयोगी गाड़ी लेकर आए बड़े आदर के साथ, साथ जाकर जाँच कराई।

डॉ. ने रिपोर्ट देखकर कहा कि इनके गुर्दे में इंफेक्शन हैं। सफाई, इलाज और खान–पान का विशेष ध्यान रखना होगा।

माँ बेटे के घर में उनकी तीमारदारी में जुट गई थीं। पर दूसरे ही दिन उन्हें अनुभव हुआ कि यह उनका घर नहीं उनकी बहू का है और उसकी इच्छा के बिना यहाँ पत्ता भी नहीं हिल सकता। इस घर के नौकर–चाकर भी मैडम से पूछे बिना उन्हें एक गिलास पानी भी नहीं दे सकते और न आप उन्हें कोई आदेश दे सकते हैं।

सुनीति को प्रातः जल्दी उठने की आदत थी। प्रातः कर्म से निवृत्त हो पूजा–पाठ करके पति को भी स्नान आदि कराकर वे फुरसत पा जाती थीं।

उस विशालकाय मकान में नीचे के कमरे में उन्हें ठहराया गया था इससे उन्हें सुविधा थी। ऊपर ए.सी. में सोने वालों की नींद में कोई खलल

न पड़े, इस ओर से वह निश्चिंत हो गयी थीं।

पहले दिन उन्होंने सोचा चलो अदरक की चाय बना लूँ, पति के साथ बच्चों के लिए भी कुछ नाश्ता बना लूँ।

पर उनके इस प्रयास का खामियाजा भुगतना पड़ा नौकरानी को। उसे डाँट पड़ी तो मन ने कहीं भुलावा दिया कि चलो बहू नहीं चाहती कि मैं काम करके परेशान होऊँ। इतने नौकर–चाकर हैं आखिर किसलिए?

पर शाम तक उस भुलावे का सच मन को आहत कर गया। सुनीति चुप रह गई थीं।

एक दिन पति–पत्नी ने बच्चों के बीच बैठकर स्वर्ग का सुख पाने की सामान्य सी आकांक्षा से अपनी कुर्सी वहाँ डाल ली थी तो बहू वहाँ से अन्यत्र उठकर चली गई और उसके पीछे उसका पति और बच्चे भी।

तब सुनीति को लगा था कि आज अपने जीवन साथी को सबका मानने का भाव नहीं रह गया है और जीवन साथी भी व्यक्तिगत संपत्ति हो गया है।

सुनीति जल्दी ही वहाँ से अपने जीवन साथी को लेकर वापस आ गई थीं और पति को समझाया था कि मेरे रहते आपको कोई असुविधा नहीं होगी। मुझे यमराज भी लेने आएँगे तो कह दूँगी कि मैं अपने पति को असहाय छोड़कर नहीं चलूँगी।

आज सुनीति की यमराज ने नहीं सुनी थी और उनका जीवन साथी अकेला हो गया था।

79. सेवानिवृत्ति

नित्य की भाँति आज अतिथिगृह के बाहर हर घंटे पर घंटा नहीं बजा।

सुबह चार बजे उठकर नहाने–धोने, तैयार होने चौकीदार नहीं आया तो मुझे आशंका हुई कि कहीं वह बीमार तो नहीं हो गया।

विगत कई वर्षों से इस अतिथिगृह में मैं रुक रही थी। यहाँ के कर्मचारियों से पारिवारिक सौहार्दभाव सा मन में पनप आया था।

सुबह मैंने व्यवस्थापक अरुण जी से पूछा तो उन्होंने बताया– "बहादुर चौकीदार कल सेवानिवृत्त हो गए।

उन्होंने यह भी बताया कि बहादुर बहुत प्रसन्न थे कि अपने देश नेपाल जाकर परिवार के साथ रहेंगे और यहाँ से मिली सेवानिवृत्ति की धनराशि वहाँ जाने पर लगभग दुगुनी हो जायेगी, क्योंकि नेपाल की मुद्रा भारत से सस्ती है।

उसके इस भोले गणित पर हँसी आ गयी और सहानुभूति भी।

मुझे याद आये वह वरिष्ठ आई.ए.एस. अधिकारी जो भारत सरकार के उच्च पद से सेवानिवृत्त हो रहे थे। उन्होंने अपने मित्र से बताया था कि मैं आज बाथरूम में जाकर खूब रोया था।

मित्र ने कारण पूछा तो उन्होंने बताया था– "कल से जो शून्य जीवन में आने वाला है उससे मैं भयभीत हूँ। रात दिन परिवार की किचकिच में रहना, न गाड़ी, न बंगला, न चपरासी, न ड्राइवर, न माली। इतने दिनों से इतनी सुविधाओं का आदी हो गया हूँ कि इन सबके बिना जीना पड़ेगा– सोचकर भी डर लग रहा है। अब मैं ज्यादा दिन नहीं जी पाऊँगा।"

मैं दो वरिष्ठ नागरिकों में समानता और असहायता के लक्षण ढूँढ़ने की कोशिश करने लगी थी।

80. खुशी

यामिनी ने बचपन से ही लिखना शुरू कर दिया था। वह पूरे गाँव की लाडली बेटी थी। सबके सुख–दुख में काम आती थी।

पर उसका रात–दिन पढ़ना लिखना संयुक्त परिवार में सबको रास नहीं आता था। लोग कहते– "अरे लड़की है, कुछ घर का काम धाम करे, सीखे। ससुराल जायेगी तो क्या वहाँ लोग रात–दिन किताब में आँखें गड़ाए, कलम चलाते देखकर इसे पसंद करेंगे? आखिर पराये घर तो जाना ही है।"

यामिनी ने कविताएँ, कहानियाँ लिखीं। पहली बार अपना नाम रचना के साथ छपा देखा तो हर्ष विह्वल होकर सबको दिखाने दौड़ पड़ी।

कुछ लोगों ने तटस्थ भाव से देखा, कुछ ने उत्साह से। कुछ ने मुँह बिचकाकर कहा, "सास, ननद को इससे नहीं खुश कर पायेगी। घर–गृहस्थी सँभालना सीख।"

वह घर–गृहस्थी के गुर भी सीखने लगी और साथ ही लिखने–पढ़ने का क्रम भी जारी रखा।

विवाह के बाद भी उसकी रचनाएँ छपने पर ससुराल में भी ऐसी ही मिली जुली प्रतिक्रिया मिलती रही। उसे खुशी होती जब कहीं रचना छपती, कहीं से पुरस्कार, सम्मान मिलता तो मन होता, मेरी खुशी बाँटने मेरे साथ मेरा परिवार आता। दुःख हो या सुख दोनों में मन साथ चाहता है।

एक दिन यामिनी जी के नाम एक पत्र आया। उनकी एक कृति ग्यारह लाख रुपये के पुरुस्कार हेतु चुनी गई थी। एक भव्य समारोह में अगले महीने यह सम्मान मिलना था। वह पत्र हाथ में लिए बैठी थीं।

किसी को इस समाचार से प्रसन्नता होगी कि नहीं होगी, सोचती हुई वह इस सुख को झेलती हुई अकेली बैठी थीं। सुख को भी अकेले झेलना मन में अवसाद देता है, वह सोच रही थीं।

उनकी देवरानी ने उन्हें एक पत्र लिए चुपचाप बैठी देखा तो पूछने लगी– "दीदी! कैसा पत्र है? क्यों चुप बैठी हैं?"

किसी अनिष्ट की आशंका से वह पत्र लेकर पढ़ने लगी। पत्र पढ़कर वह भी पहले स्तब्ध हो चुप रही, फिर सबको खबर देने दौड़ पड़ी।

"एक लाख रुपया भी बहुत होता है, पूरे ग्यारह लाख का क्या करेंगी दीदी?"

पूरा घर उन्हें घेरकर बैठ गया था। उसमें उनका अपना परिवार, देवर–जेठ सबका परिवार था।

लोग योजनाएँ बना रहे थे, उनको सम्बोधित कर कह रहे थे– "बहू! भाभी! दीदी! अम्माजी! एक कार तो आ ही जाएगी अब? वह बड़े वाला टी. वी. भी। नहीं, नहीं, ड्राइंग रूम में ए.सी. लगवाया जाएगा..."

यामिनी महसूस कर रही थी कि यह मेरे सम्मान की खुशी है कि धन–लक्ष्मी के आगमन की?

उन्हें लगा कि वह कितनी अलग और कितनी अकेली हैं।

लेकिन उन्हें वे चेहरे भी याद आए जो उनकी सफलता से खिल उठते थे।

और वे अपने मन की खुशी को भीतर ही महसूस करने की कोशिश करने लगीं।

81. पेट–पोंछनी

वह जमीन पर रहते हुए आकाश छूना चाह रही थी। एक छोटे से गाँव की गरीब घर में पली चार बहनों में सबसे छोटी संतान थी वह।

आजी (दादी) उसे पेट–पोंछनी कहती थीं।

उसने सुना है कि माँ ने चुपके से ऑपरेशन करवा लिया था। क्योंकि आजी उसके लिए कभी तैयार न होतीं। पिता भी अपनी माँ से डर रहे थे। पर माँ ने उन्हें मुश्किल से राजी कर ही लिया था।

गाँव के प्राइमरी स्कूल में माँ ने नाम लिखवा दिया था। पाँचवीं से बारहवीं कक्षा तक प्रथम आती रही तो पढ़ने की ललक बढ़ती गई। बाकी बहनों के सिंगार–पटार और शादी के सपने थे, उसका सपना था डॉक्टर बनना।

आजी ने विरोध किया, "सयानी लड़की कहाँ जायेगी बाहर पढ़ने? इतना पैसा कहाँ से आएगा? आज एक पोता होता तो इन चारों के भी भाग्य जाग जाते। मेरा भी मरकर उसके कंधे पर सवार हो अंतिम यात्रा का सपना पूरा होता।"

वे संध्या से नाराज थीं कि माँ का पेट धो–पोंछकर बाहर आ गई।

संध्या आजी का सबसे अधिक ध्यान रखती, सेवा करती पर उन्हें खुश नहीं रख पा रही थी।

एक दिन आजी अचानक चक्कर खाकर गिर गईं। कूल्हे की हड्डी टूट गई।

संध्या ने स्काउट–गाइड की ट्रेनिंग ले रखी थी। उसने उन्हें सँभालकर उठाया। पड़ोसिन की मदद से चोट को ऐसे बाँधा कि हिले–डुले नहीं और उन्हें उठाकर अस्पताल ले गई।

प्लास्टर चढ़ा, आजी बिस्तर पर थीं।

एक दिन संध्या उनकी प्रातःक्रिया बिस्तर पर करवाकर सफाई कर रही

थी तो आजी रोते हुए बोलीं, "मैं तुझे इतना बुरा–भला कहती थी, प्यार करने की कौन कहे कभी सीधे मुँह तुझसे बात भी नहीं की। फिर भी तू मेरी इतनी सेवा कर रही है?"

"अरे! पोता तो मरने के बाद अर्थी उठाता भी तो मैं कहाँ देखती कि कैसे उठा रहा है। पर तू तो इस बेकार हो गए शरीर को उठा रही है, नहला–धुला रही है, यह सब मैं अपनी आँखों से देख रही हूँ। बिटिया! मुझे माफ कर दे।"

आजी फफककर रोने लगी थीं।

संध्या ने आजी के आँसू अपने दुपट्टे से पोंछा तो आजी ने लेटे–लेटे ही उसे ह्रदय से लगा लिया।

फिर बोलीं– "तू डॉक्टरी पढ़ना चाहती है न? मैं तुझे पढ़ने भेजूँगी। तेरे बाबा मेरे नाम कुछ रुपया जमा कर गए हैं, मैं तुझे खर्चा दूँगी पढ़ने के लिए।"

संध्या ने कहा, "आजी! मैं जरूर जाऊँगी पढ़ने। पर आपके ठीक हो जाने के बाद।"

दोनों की आँखों में फिर सावन उमड़ आया था।

82. सुमन

पीले वस्त्रों में पियराया मुँह लिये वह खेतों की ओर से आ रही थी। सरसों के खेतों का पीलापन उसकी उदासी को और गहरा रहा था।

इतना दिन चढ़े आज उसका खेत से लौटना चन्दो की माँ को अटपटा और अनचीन्हा सा लगा। आज तक कभी नहीं देखा था कि उजाला होने के बाद वह खेत की ओर जा रही हो।

चन्दो की माँ ने, जिसे गाँव के लोग 'काकी' कहते थे, टोक दिया– 'बिरजू बहू? क्या तबियत कुछ खराब है ?'

'हाँ काकी', संक्षिप्त उत्तर देकर वह आगे बढ़ गयी।

काकी का दिमाग तेजी से काम करने लगा। बात क्या हो सकती है भला ? अभी रात में ही तो बिरजू परदेश से आया है और उसकी बहू बजाय खुश दिखने के उदास है।

वे फिर पलट कर उसके पीछे आती हुई बोलीं। रात बिरजू आया है, ठीक है न ?

'हाँ' कहकर फिर वह चल पड़ी।

काकी का संशय पहाड़ बनने लगा– "जरूर दोनों में लड़ाई हुई है और हो न हो यह लड़ाई बलराम को ही लेकर हुई होगी। गाँव भर में खुसर–फुसुर होती ही थी। किसी ने बिरजू से लूकी लगा दी होगी। या फिर कहीं बिरजू ने ही देख लिया होगा छोटे भाई के साथ खिलखिलाती सुमन को। मरद तो मरद, उसे कब बरदाश्त होगा कि उसकी मेहरिया किसी के साथ ठहाके लगाये। आजकल की पढ़ी–लिखी लड़कियों की समझ में दुनिया भर का ज्ञान आता है पर इतनी छोटी सी बात नहीं समझ में आती।"

काकी सोच रही थीं।

कुछ भी हो सुमन बड़ी भली लड़की है, काकी का उस पर अपार स्नेह है, पर काकी उसे समझा नहीं पातीं।

जब भी कुछ इशारों में कहना चाहा तो सुमन उल्टा उन्हीं को सिखाने लगती– "काकी! मर्द और औरत का केवल एक ही सम्बन्ध नहीं होता। मर्द औरत भी उसी तरह एक दूसरे के दोस्त होते हैं, जैसे दो मर्द और दो औरतें आपस में। बलराम और मैं दोनों देवर–भाभी के अलावा अच्छे दोस्त भी हैं। मेरे विचार उससे मिलते हैं। मेरी भावनाएँ उससे मिलती हैं, हम दोनों एक दूसरे से बातें करके खुश होते हैं, तो इसमें लोगों को क्यों दर्द होता है? मुझे बलराम के भइया पर पूरा विश्वास है और उन्हें मुझ पर है। वे इस बात को कतई बुरा नहीं मानेंगे, मैं आपको विश्वास दिलाती हूँ।"

काकी ने कहा था– "सो तो ठीक है पर बलराम के साथ सबके सामने इस तरह न हँसा बोला करो। तुम लोग जब एक दूसरे का हाथ पकड़कर कुछ बतिया रहे थे तो कंचन की माँ को मुँह बिचकाते हुए मैंने देखा था।"

सुमन हँस पड़ती– "वाह काकी, जिसे मैं गलत समझती ही नहीं उसे छिपाऊँ क्यों। छिपाया तो पाप जाता है। और जब छिपकर सहज भावनाएँ व्यक्त की जाती हैं, तभी पाप का उदय होता है।"

काकी चुप हो जातीं। सुमन के मुख पर आत्मविश्वास और पवित्रता का प्रभा–मण्डल दिप–दिप करता रहता और वह लोगों के संशय को हँसते–हँसते झेलकर लापरवाही दिखाती।

पर कल तो अप्रत्याशित ही हो गया। बलराम और सुमन एक डायरी के लिए छीना–छपटी कर रहे थे। डायरी सुमन की थी उसमें उसने कुछ कविताएँ लिख रखी थीं जो वह कभी–कभी बलराम को सुनाया करती थी। आज उसने एक गीत लिखा था जो अभी अधूरा था।

बलराम वही पढ़ने की जिद कर रहा था। सुमन कह रही थी कि पूरा करके दिखाऊँगी। इतने में ढीठ मुँहलगे देवर ने भाभी को एक बाँह से पूरा घेर कर दूसरे हाँथ से उसकी डायरी छीन ली।

दोनों को पता भी नीं लगा कि कब बिरजू आकर खुले दरवाजे में खड़ा हो गया था। उसका तमतमाया चेहरा देखते ही दोनों आसमान से गिरे।

अभी तो दो महीने बाद आने की बात थी। आज अचानक बिरजू का आना और यह घटित हो जाना, क्या महज एक संयोग था?

शायद सुमन यही समझ रही थी, पर बिरजू का एक वाक्य उसके कानों को छेद गया, 'तो जो कुछ मैंने सुना था वह सच ही निकला।'

अब बिरजू ने क्या सुना था और किसे अब वह सच मान बैठा है, यह गुत्थी सुमन के लिए गुत्थी नहीं रह गयी।

विरजू के तमतमाये चेहरे से इस वाक्य को जोड़कर सुमन हताश भाव और अपमान बोध से पहले तो जड़ हो गयी, फिर आक्रोश से उसका मन भर उठा। उसे लगा कि अपनी सफाई देना अपने अपमान को और अधिक बढ़ाना है।

वह चुपचाप जाकर लेट गयी।

बलराम ने सहमते हुए भाई से स्पष्टीकरण देना चाहा पर भाई की जलती निगाहों ने उसे चुपचाप चले जाने को विवश कर दिया।

रात भर सुमन पति से एक शब्द भी नहीं बोली। जागती हुई सोती रही और भीतर ही भीतर फूटती–बहती रही।

बिरजू ने न तो पत्नी को मनाने की कोशिश की और न तो कुछ बोला ही। रात भर सिगरेट फूँकता रहा और प्रातः चार बजे ही वापस स्टेशन की ओर लौट पड़ा।

सुमन देखती रही कि उसने अपने सूटकेस में कपड़े उल्टे–सीधे ठूँसे और बिना एक शब्द बोले सूटकेस उठाये बाहर चला गया।

सुमन जड़वत् बैठी रह गयी। उसे लगा कि वह कहानियों वाली अभिशप्त राजकुमारी हो, जो न बोल पा रही हो, न हिल पा रही हो।

थोड़ी देर बाद उसे जैसे कुछ याद आ गया हो। वह उठ पड़ी– 'बलराम को जाना चाहिए स्टेशन, उसे बता देना जरूरी है।'

उसने पैर बाहर जाने को उठाये ही थे कि बलराम दरवाजे पर खड़ा हो गया।

हे ईश्वर ? बलराम को रात भर में ही क्या हो गया। सुमन ने देखा कि उसकी आँखें गुलमुहर सी लाल हो रही हैं, चेहरे पर ग्लानि, अपराध–बोध और पीड़ा की ऐसी छाप थी कि उसकी ओर निहारना कठिन हो रहा था। सुमन के बोल कण्ठ में ही अटक गये, कैसे कहे कि स्टेशन चले जाओ?

बलराम की भर्राई आवाज ने ही मौन भंग किया– "मैं स्टेशन जा रहा था भाभी! भइया ने मुझे लौटा दिया।" वाक्य का अंतिम चरण कहते–कहते वह फूट पड़ा और बाद की वार्ता हिचकियों में डूब गयी। सुमन कलेजे पर पत्थर रखे सब सुनती रही।

बलराम ने सूटकेस लेने के लिए हाथ बढ़ाया था तो भाई ने हाथ झिड़क दिया। वह पीछे–पीछे चलने लगा तो बिरजू ने कहा था– "क्या जहन्नमुम तक पीछा करोगे ? जाओ लौट जाओ, मैं रास्ते का काँटा नहीं बनूँगा। क्या जानता था कि इसी दिन के लिए तुम्हें पढ़ा लिखा रहा हूँ।"

बलराम ने रोते हुए भाई के चरण पकड़ लिये थे– "...भइया ! मुझे गलत मत समझो।" और उत्तर में बिरजू ने जो कहा वह तो और बज्र जैसा था। 'गलती तुम्हारी हो या उस बेहया की, बात एक ही है।'

इसके बाद बलराम से और गिड़गिड़ाते नहीं बना था, वह भी अकड़ कर खड़ा हो गया था– 'एक दिन पछताओगे भइया! उस देवी पर लांछन लगाकर, मन से सुखी नहीं रह पाओगे। समय रहते यदि चेत सको तो लौट आना।'

इस पर बिरजू ने एक शब्द भी कहे बिना ही अपने कदम तेज कर दिये थे। एक बार भी पीछे मुड़कर नहीं देखा था।

बलराम ने देखा कि गाँव के दो चार लोग दिशा मैदान के लिए आ रहे हैं। उसने अपनी स्थिति को छिपाने की गरज से जल्दी–जल्दी कदम बढ़ाये और भाभी के पास आ गया था, अपना क्षोभ, अपनी पीड़ा और भाभी के प्रति अपनी अपार श्रद्धा लिए हुए।

बलराम का मुँह देखकर सुमन का ममत्व और स्नेह उसके प्रति और उमड़ पड़ा। वह भूल गयी कि उसका पति एक तरह से उसका परित्याग करके ही चला गया है। या इसी देवर के कारण उसे इतना अपमान सहना पड़ा है या अब भविष्य क्या होगा ?

उसे केवल याद रह गया कि बलराम बहुत दुखी है, अपमानित है, टूट रहा है, वह बहुत भावुक है, कहीं वह कुछ कर न बैठे।

एक ही माँ की कोख से जन्में दो भाइयों में कितना अंतर था। एक भाई केवल भौतिक सुख, सामाजिक प्रतिष्ठा के पीछे दीवाना था, जिसके मन में भावनाएँ केवल उपहास की पात्र थीं, कोमलता कायरता थी।

लेकिन उसे अपने दाम्पत्य की रक्षा करनी थी। भाई–भाई के बीच संशय की दीवार ढहानी थी। वह पति के पास जाने को तैयार होने लगी।

83. रसोइया महराज

राजन एक डाकबँगले में रसोइया था। रसोई बनाने वाले को लोग 'महराज' कहते हैं। वह भी 'महराज' हो गया।

कई बार उस डाक बँगले में रुकने का अवसर आया। बड़ी तत्परता से वह स्वादिष्ट भोजन बनाता और अतिथियों की अन्य सुविधाओं का भी ध्यान रखता।

मैंने पूछा था– "आपका नाम क्या है?"

वह बोला था– "मेरा नाम तो राजन था पर यहाँ महराज हो गया हूँ।" कहकर वह हँसा था– "रसोइये को महराज क्यों कहते हैं लोग? आपको मालूम है?",

"नहीं", मैंने उत्तर दिया था।

वह बोला था– "एक बार एक विद्वान यहाँ रुके थे। उन्होंने बताया था कि राजा महाराजा, बादशाह सलामत लोगों ने यह नाम दिया। इसलिए कि उनके प्राणों पर भोजन द्वारा संकट न आए। रसोइया खुश रहेगा और राजा भी सुरक्षित रहेगा।"

राजन का परिवार यहीं पास की अनधिकृत जमीन पर बनाई गई झोंपडी में रहता है। तीन बच्चे हैं, सरकारी स्कूल में पढ़ते हैं। राजन यहाँ अतिथियों के भोजन के बाद जो बच जाता है वह भोजन घर उठा ले जाते हैं। प्रायः पूरे परिवार का पेट इसी से कभी–कभी भर जाता है।

इस बार एक माननीय सांसद जी ठहरे थे। काफी महँगा आतिथ्य था। जिलाधिकारी, कमिश्नर सबने भव्य व्यवस्था करवाई थी सरकारी खर्चे से।

माननीय पूरे दल–बल के साथ आए थे। उनके विदा होने पर राजन ने सारी बची–खुची भोजन की सामग्री ठीक से पैक कर ली। आज बच्चे खुश हो जाएँगे।

यहाँ एक और सरकारी अधिकारी रुकी थीं। कल से ही वह भी

माननीय के दर्शन के लिए, उनसे बात करने के लिए, उनके साथ भोज में शामिल होने के लिए जुगाड़ कर रही थीं।

उन्होंने राजन को पोटली ले जाते देखा तो कहा, "तुम्हारी तो बड़ी चाँदी है महराज! यह सब तुम अपने घर उठा ले जाते हो? इसकी कोई ऊपर शिकायत कर दे तो?"

राजन सकपका गया– "क्या यह गलत है मेमसाहब? मैं चोरी तो नहीं कर रहा हूँ?"

मुझसे उस महिला का यह हस्तक्षेप देखा नहीं गया। मैंने भोजन और नाश्ते के वक्त देखा था कि वह सबके मेज से उठ जाने के बाद बची हुई प्लेटो में से काजू और किशमिश मुट्ठी भर–भर उठाकर अपने पर्स में डाल रही थीं।

मैंने कहा, "नहीं महराज! आप बिलकुल गलत नहीं कर रहे हैं। माननीयों का यह भव्य सत्कार जनता के पैसे से ही ये अधिकारी करते हैं। खाते भी हैं और सत्कार का लाभ भी उठाते हैं। माननीय जनता के सेवक हैं पर भारी भरकम मानदेय लेते हैं और ऊपर से यह स्वागत सत्कार। अधिकारी–गण उनके बहाने से एक का दस खर्च करते हैं। लोग पेट भरा होने पर भी पर्स में छिपाकर मेवा रख लेते हैं। आपके बच्चे भी भारत के नागरिक हैं। उन्हें भी पूरा हक है सुविधाएँ पाने का।"

अब वह मैडम सकपकाई सी मेरी ओर देख रही थीं और राजन की आँखें मेरे प्रति कृतज्ञता प्रकट कर रही थीं।